障がい児の
健康づくり支援

前橋 明（早稲田大学 教授／医学博士） 著

大学教育出版

はじめに

ちょっと工夫すると人が助かる行動のススメ

子どもたちに伝えたいことがあります。それは、「ちょっと気をつけて・ちょっと知恵を絞って・ちょっと工夫して、あなたにできることを実行すれば、友だちやお父さん・お母さん、おじいちゃん・おばあちゃん、近所の人たちが助かったり、楽になったりすることがあるよ」という呼びかけです。

国際幼児健康デザイン研究所顧問
国際幼児体育学会会長
前橋　明
（早稲田大学教授・医学博士）

いろんなところで、ちょっとの工夫から、人に役立つ行動が起こると、相手が助かります。相手の心の中にも、「ありがたい」という感謝の気持ちや思いが芽生えます。そのように感じてもらえると、知恵を絞った方もうれしいものです。援助された方も、「同じように、自分にできることはしてみようかな」「誰かに役立ったら、お互いに気持ちがいいよね」等の気持ちや、さらなる夢が芽生えてくるはずです。

いろいろなところで、ささやかな工夫と実行が起こり、そこで生まれる「人へのおもいやり」や「感謝の気持ち」が、私たちの社会をよりいっそう暖かいものにしてくれます。できれば、幼少児期に、このような「ちょっとした工夫と実行」の体験活動を、しっかり経験させてやりたいものです。そのようなスタンスで、お父さん、お母さん、子どもに関わってやってもらえないでしょうか。

私は、お父さん・お母さんにも、聞いていただきたいことがあります。それは、私たち大人の方が、まず、率先して、そのような工夫と行動を行うことで

す。自分の親が、工夫して人に優しい実行動を日頃からしていると、子どもは親の行動をまねます。「子どもは親の思うようには、なかなかならず、親を見て育っているので、親のようにはなる」と思いますから、ぜひ親が行動で示すことが、何よりも大切なことなのです。御理解下さい。

　さて、以上の私の健康福祉に関する考え方を冒頭でお伝えし、これから続く本書の中で、障がい児の健康づくり支援の基本方法を理解していただき、障害をもつ子どもたちが心身ともに健康で生き生きとした暮らしが送れるように、また、友だちといっしょに社会生活をしていく上で必要なコミュニケーション能力を育て、豊かな心をもち、たくましく生きることができるようになることを目指し、その援助の仕方をお伝えしようと考えました。

　しかし、近年になって、子どもたちの抱える・抱えさせられている心身や生活上の問題は、コロナ禍の影響も加わって、非常に複雑・多岐にわたり、新たな展開が迫られています。こうした社会や子どもたちの生活の背景を踏まえながら、近年の障がい児の健康づくりの理論と方法をお伝えし、さらに、読者の皆さんが、子ども支援に寄与していただけるよう、ここに、障がい児の健康づくり支援のための基本情報を提供いたします。

障がい児の健康づくり支援

目　次

はじめに …………………………………………………………………………… *i*

第1章　障がい児の知覚・運動訓練から体育指導 …………………… *1*

1.　運動の起こる仕組みから、障がい児の抱える問題を探ろう　*1*

2.　感覚の大切さと感覚訓練　*2*

3.　運動のために必要な保護動作や姿勢維持のバランス能力の獲得　*3*

　(1)　保護動作の獲得　*3*

　(2)　平衡感覚の獲得　*3*

　(3)　感覚あそびから全身の運動へ　*4*

　(2)　手先の不器用さとの関連　*6*

4.　あそびの種類　*6*

第2章　障害別にみた障害の内容と発達や運動の特徴 ……………… *8*

1.　知的障がい児　*8*

2.　聴覚・言語障がい児　*9*

3.　視覚障がい児　*10*

4.　発達障がい児　*11*

5.　感覚統合に問題のある場合の運動について　*12*

6.　多動に対しての工夫　*12*

7.　体力・運動能力を高めるためには　*14*

第3章　子どもの理解と実態把握の難しさ ……………………………… *15*

1.　乳児期の発育・発達と運動　*15*

2.　発達の順序性と幼児期の運動　*16*

3.　言葉の意味：「どうもありがとう」について　*17*

4.　子ども理解とごっこ　*18*

　(1)　鬼ごっこ　*19*

　　　(2) ままごとごっこ　*20*

　5. 言葉の理解　*21*

　6. 心理的発達と大人の理解　*22*

　7. からだの発育・発達理解　*23*

　　　(1) 身体各部のつり合いの変化　*23*

　　　(2) 臓器別発育パターン　*24*

第4章　発達と運動、親子ふれあい体操のススメ …………………… *28*

　1. 4カ月〜7カ月の運動　*28*

　2. 6カ月〜8カ月頃の運動　*29*

　3. 9カ月〜12カ月頃の運動　*29*

　4. 1歳〜1歳3カ月の運動　*30*

　5. 1歳4カ月〜1歳7ヵ月の運動　*30*

　6. 1歳8か月〜2歳の運動　*31*

　7. 幼児期の親子体操　*31*

　8. ふれあいの大切さを、母親の母性行動から考える　*32*

　9. 家庭でできる親子ふれあい体操の魅力　*33*

　10. コロナ禍における親子ふれあい体操のススメ　*36*

第5章　車イスの基本操作と介助 ……………………………………… *38*

　1. はじめに　*38*

　2. 車イス介助の知識　*38*

　　　(1) 車イスの点検のポイント　*38*

　　　(2) 乗っていただくときの注意事項　*40*

　　　(3) 動く前の確認ポイント　*40*

　3. 基本操作　*41*

　　　(1) 前向きの右折・左折　*41*

　　　(2) 上り坂・下り坂　*42*

　　　(3) 階段ののぼり・段差おり　*42*

　　　(4) エレベーター　*43*

　4. 屋内外の対比　*43*

　5. 配慮事項　*44*

第6章　視覚障がい児・者の援助 ……………………………………… *45*

　1. はじめに　*45*

　2. 視覚障がい者の方に街角で出会った時の道順の説明　*45*

　3. 誘導の仕方　*46*

　4. 言葉かけ　*46*

　5. 安全に誘導するための手引き、介助歩行　*47*

　6. 狭いところでの手引き　*48*

　7. 段差や階段での手引き　*48*

　8. 車の乗り方　*49*

　9. バス利用の手引き　*49*

　10. 電車の利用の手引き　*50*

　11. ドアの通り抜けの手引き　*50*

　12. エレベーター利用の手引き　*51*

　13. エスカレーターの手引き　*51*

　14. トイレ利用の手引き　*52*

　15. お金の受け渡し援助　*52*

　16. 店内移動の手引き　*53*

　17. 一時的に離れる時の対処　*53*

　18. 喫茶店やレストラン利用の援助　*54*

　19. イスを進めるときの手引き　*54*

　20. メニューと値段の説明　*54*

　21. テーブルの上の物の位置の説明　*55*

　22. ヘルパーとしての心得　*55*

23. 白杖の役割　*56*

24. 雨の日の手引き　*56*

第7章　子どもの運動指導上、留意すべき事項 ……………………… *58*

1. 導入場面の留意事項　*58*

　　(1) 安全な環境設定　*58*

　　(2) 服装　*58*

　　(3) 指導者の立ち位置　*59*

　　(4) 隊形　*60*

　　(5) 整列・子どもたちとの距離　*60*

　　(6) 話し方　*61*

　　(7) 準備運動　*61*

　　(8) グループ分け　*61*

2. 展開場面の留意事項　*62*

　　(1) 用具・器具の使い方　*62*

　　(2) 恐がる子に対する配慮　*62*

　　(3) 運動量　*62*

　　(4) 補助　*62*

　　(5) 技術習得　*63*

　　(6) 集中力の持続　*63*

　　(7) 楽しい雰囲気づくり　*64*

　　(8) 満足感　*64*

　　(9) やる気の奮起　*65*

　　(10) 主体性や自発性、創造性の育成　*65*

　　(11) 危険に対する対応　*66*

　　(12) 競争　*66*

3. 整理場面　*66*

　　(1) 整理運動　*66*

（2）後片づけ　*67*

（3）活動のまとめ　*67*

（4）運動後の安全、保健衛生　*67*

4. 子どもたちが外で安全に遊ぶための工夫　*68*

第8章　健全な成長のための外あそび推進について ……………… *70*

1. 外あそびの時間やあそび場の確保が難しくなっている背景　*71*

（1）夜型社会、新型コロナ感染症の流行からの影響　*71*

（2）都市化と外あそび環境の整備不良からのサンマ（三間：空間・仲間・時間）の欠如からの影響　*72*

2. 外あそびが、なぜ重要か　*73*

（1）運動量の面からみて　*73*

（2）健全育成の面からみて　*73*

（3）体力づくりの面から　*74*

（4）脳・神経系の発達の面から　*74*

（5）生活リズムづくりの面から　*75*

3. 室内あそびや、スイミングやサッカー等の運動系の習い事の教室とも比較して、外あそびで得られるものは何か　*76*

4. 子どもたちが外で安全に遊ぶための工夫　*77*

5. 今後に向けて　*78*

第9章　近年の子どもたちが抱える健康管理上の問題と改善策　*80*

1. 歩数の変化　*80*

2. 午後の時間の費やし方　*81*

3. 「テレビ・ビデオ・ゲーム・スマートフォン」の特徴　*81*

4. スマホ社会の中で、子どもたちをどう健康に導くか　*82*

（1）クモの巣の粘着性を利用して、セミ捕りをする方法　*83*

（2）追い棒を使うことなく、魚を取る方法　*83*

5. いつ、運動したらよいか　*84*

6. 年齢に応じた運動のポイント　*84*

7. 体力を向上させるために　*85*

   (1) 知っておくとためになる、子どもに必要な4種類の運動　*86*

   (2) 基本運動スキル（4つの運動スキル）　*87*

   (3) 運動時に育つ能力　*87*

8. 夜型化した社会の中での子どもの変化　*88*

9. 普段の生活で心がけること　*89*

第10章　体　　力 …………………………………………… *93*

1. 行動を起こす力　*93*

   (1) 筋力（strength）　*93*

   (2) 瞬発力（power）　*94*

2. 持続する力　*94*

3. 正確に行う力（調整力）　*94*

   (1) 協応性（coordination）　*94*

   (2) 平衡性（balance）　*94*

   (3) 敏捷性（agility）　*95*

   (4) 巧緻性（skillfulness）　*95*

4. 円滑に行う力　*95*

   (1) 柔軟性（flexibility）　*95*

   (2) リズム（rhythm）　*95*

   (3) スピード（speed）　*95*

第11章　運動遊具・公園遊具の安全管理 ……………………… *96*

1. 固定遊具の点検と結果の対応　*97*

2. 安全に配慮した遊具の設計と製品そのものの安全性　*98*

   (1) 安全に配慮した設計　*98*

(2) 製品そのものの安全性　*98*

(3) 設計・設置上の留意点　*98*

3. 固定遊具、近年の総合遊具や公園遊具の特徴と安全な使い方　*99*

(1) 固定遊具や総合遊具の特徴　*99*

(2) 近年の公園遊具の特徴　*101*

(3) 遊具の安全な使い方　*101*

(4) 固定遊具を安全に利用するための点検　*101*

第12章　幼児期の健康診断評価 ……………………………………… *103*

1. 子どもの健全育成でねらうもの　*103*

2. 子どもの成長・発達状況の診断・評価　*103*

第13章　ケガの手当て・対応 ……………………………………… *106*

1. 安全を考慮した準備と環境設定　*106*

(1) 幼児の安全や体調の確認　*106*

(2) 熱中症対策　*107*

2. 応急処置の基本　*107*

3. 応急処置の実際　*108*

(1) 頭部打撲　*108*

(2) 外傷　*108*

(3) 鼻出血　*109*

(4) つき指と捻挫　*109*

(5) 脱臼　*110*

(6) 骨折　*111*

第14章　コロナ禍における子どもの運動あそびと、保健衛生上、
　　　　注意すべきこと ……………………………………………… *112*

Guidance for Physical Education for children with disabilities
　　through sensory and fitness training …………………… *115*

第1章

障がい児の知覚・運動訓練から体育指導

1. 運動の起こる仕組みから、障がい児の抱える問題を探ろう

　子どもたちの前で、○印を見せて、同じように描いてもらう際、きちんと○印を描けている場合は、外界からの情報の入力（感覚器・知覚神経）、大脳での意識・判断、大脳からの命令による出力（運動神経・筋肉・骨）のいずれも問題なく機能していることになります。

　しかし、○印がうまく描けなかった場合、子どもに見本の○印と同じであるか否かを確認し、きちんと、問題点が答えられる場合は、入力や脳も機能には問題はありませんが、出力に問題があることになります。

　このような子どもに対しては、ゆとりの時間や何回も挑戦可能との指示を与えることで、問題が改善できれば、機能向上の可能性は大いにあると考えます。

　しかし、子どもに確認しても、子どもの方がわからない場合は、①入力（感覚器・知覚神経）の問題、または、②脳の問題、あるいは、③入力と脳のあわせた問題のいずれかに疑いをもつことになります。

　以上のことから、身体運動の発現は、外界からの刺激となる情報を、まず、受容器（目・耳・手など）で受け止め、その情報は知覚神経を通って大脳に運ばれていき、大脳ではその情報をしっかり受けとめ、判断し、すべきことを、運動神経を通って筋肉に伝えることで、筋肉が収縮し、付いている骨をいっしょに動かすことによって、運動や行動が生まれていきます（図1）。

　そして、思うように運動ができたかどうかという点について、次の刺激の際にフィードバックされながら、反省・調整していくことで、さらなる良い動き

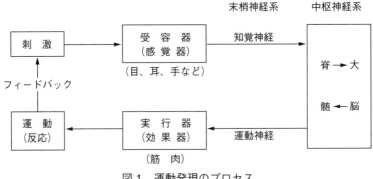

図1　運動発現のプロセス

を作っていきます。

　このように、各過程が大切であり、連携し合うことで、よい動きを作っていくメカニズムとなっています。そして、運動スキルを獲得・さらなる向上を期待するのであれば、子どもの生活リズムを整えてすっきりとしている状態で、技術練習に向かうようにさせることが重要です。

2.　感覚の大切さと感覚訓練

　子どもたちの中には、感覚に遅れがあったり、鈍麻、過敏になりすぎたりしている子どももいます。そのため、感覚に遅れのある子どもたちには、感覚を磨くことが大切になってきます。感覚の中でも、手のひらや、手の指、足の裏、口唇、舌、顔面などの受容器は、情報の入り口として非常に重要です。

　感覚器へ刺激を与えて、受容器としての機能を鍛えるために、日常のあいさつにおいて握手をしたり（手のひら）、風を送ったり（皮膚）、ボールプールに入ったりして、脳や神経への刺激と活性化を図ることで、子どもたちの身体部分（手・足・ひざ・指など）とその動き（筋肉運動的な動き）を理解する「身体認識力」が育つようになっていきます。身体認識力がついてくると、鏡の前で、鏡に映った自分やからだを見ながら、鏡あそびをし始めます。

　そして、しだいに自分のからだと自己を取り巻く空間について知り、からだ

と方向、位置関係（上下・左右・前後・高低など）を理解する「空間認知能力」が育つようになっていきます。

3. 運動のために必要な保護動作や姿勢維持のバランス能力の獲得

(1) 保護動作の獲得

　「空間認知能力」が育つと、ジャングルジムやすべり台などの遊具で、安全に遊ぶことができるようになりますが、転倒する可能性も出てきます。転倒時に、自分のからだを守れるように、「保護動作」を獲得する必要があります。

　なかなか手が前に出ない子どもに対しては、ロールマットに寝転がり、手を前に出した状態で前後に揺らしたり、それでも手が前に出ない場合は、子どもの好きな遊具を前に置いて、前に出した手を遊具に触らせてあげたりすることにより、ケガや事故を防ぐ「保護動作」誘発と獲得の訓練になります。

(2) 平衡感覚の獲得

　転ぶ前には、しっかりとした「平衡感覚」を獲得しておく必要があります。そのための方法として、バランスボールの揺れの刺激によって平衡感覚を養ったり、バランスボールの中に立ってキャッチボールを行ったりする訓練が有効です。

　また、天井から吊るされたロープにタイヤをつけ、そこにうつ伏せとなって揺れることにより、からだの使い方やバランスのとり方を学ぶ方法もあります。

　家庭でも、バスタオルに子どもを乗せ、ブランコのように揺らすことで、子ども自身も揺れの刺激を感じたり、バランス感覚を身につけたりすることに繋がっていきます。

　でんぐり返りや片足とびができない、階段を一段一足の交差パターンで降りられない、小学生になっても片足立ちができない、ブランコで立ちこぎができない、線上を歩いたり、走ったりできない、といった子どもには、重力に対して自分のからだをまっすぐに保つという「立ち直り反射」や「平衡反応」を強

化することが重要です。

　また、身体知覚に問題があると、自分の空間的位置をとらえることと、それに応じたからだの動かし方がスムーズに行われないので、高いところや不安定なところを恐がることがあります。そのような子どもには、全身運動を取り入れ、自分のからだの大きさや長さ、幅などがこれくらいという感覚であるボディーイメージをつくらせたり、逆さ感覚を育てたりしながら、恐怖心を取り除くようにします。

- ・高い高い、逆さ感覚をつかませるグルグル回し
- ・大玉乗り、ハンモック、不安定な位置に慣れさせるゆりかご運動
- ・平均台や床に置いたロープに沿っての歩行練習
- ・鉄棒、ハンモック、トランポリン等を使って、回転したり激しく動いたりした後で、からだのバランスが保てるようにし、立ち直り反射の促進を図ります。
- ・小さくなって鉄棒の下をくぐったり、物をよけて進んだりするゲーム等をして、自分のからだの大きさを感じ取らせる働きかけをします。

(3) 感覚あそびから全身の運動へ

1) 身体意識を養う

　身体に触れたものに過敏に反応したり、歩いたり、走ったり、跳んだりする動きがぎくしゃくしている、スキップや縄跳びができない、ボール運動が苦手であるといった子どもたちには、身体知覚に問題がある場合が多くみられます。これは、感覚統合に問題があるということで、触覚、および、からだの向きや傾きを感じ取る感覚器官と、それに応じて、からだを動かす筋肉や関節の連携がスムーズに行われず、自分のからだの動きや方向を把握できなくなっているのです。そのために、からだの動きがぎこちなくなったり、からだ全体を協調させる運動が難しくなったりしています。

　そこで、このような子どもたちには、まず触覚による刺激を促すことが基本となります。触覚受容器への刺激は、脳で処理され、私たちが外界を知るための触覚機能へと高まっていきます。また、刺激に対して、からだを動かすこ

とにより、立ち直り反応が促進され、身体意識の形成が促されます。さらに、触・圧刺激は、情緒の安定にも効果があります。

　次の段階として、からだの動きを意識的に言葉で言わせたり、考えさせたり、見せたりしながら、模倣や自らの活動をさせることが必要となります。そのような日常的な積み重ねが身体意識を養い、全身を使ったスムーズなからだの動きにつながっていきます。

　次に、有効な感覚あそびや運動あそび、活動の一例を示してみます。

①触・圧刺激を用いたあそびを多くさせます。

　・風や熱（ドライヤー）、水や湯（シャワー）

　　風や水の勢いを調節することにより、様々に刺激の強さを変化させ、触感覚を促進します。

　・水あそび、ボールプール、砂あそび（砂、泥、ボールの代わりに、紙、スポンジ等）、フィンガーペインティング、粘土などの感覚あそび

　・マットレスや布団の上に寝かせさすったりくすぐったりします。

　　マットレスや布団の間に、子どもをはさむ、指導者が上から軽く押さえる触・圧刺激を与えます。過敏に反応する子どもには、背臥位よりも腹臥位にして、足のようなからだの抹消部から刺激を与えていきます。抹消の触・圧刺激は、覚醒水準に影響を与えるとともに、快・不快の情動を引き起こします。

②回転、加速度、揺れ、上下の動きを感じたり、感覚を刺激するようなあそびを多くさせます。

　これは、前庭感覚、固有感覚の統合に効果があり、からだの立ち直り反応も促進させます。トランポリンや滑り台、傾斜のマットでの転がりあそびも有効です。

③遊具に合わせた、いろいろなからだの動かし方を体験させます。

　平均台やトンネル、はしご、マット等をコース上に配置し、巡回して動くサーキットあそびがあります。

④身体知覚を高めるあそびやゲームを取り入れます。

・ボールのかわりに風船を使って、からだのいろいろな部位で運んだり、突いたりします。

・ボールの弾みに合わせて、からだを動かします。人のポーズや姿勢の模倣あそびをします。

・音楽に合わせた姿勢の変換あそびをします。リトミックは、有効です。

・各自が背中につけたリボンを取り合って遊びます。

・的あてゲームやボウリングあそび等を取り入れ、ボールの扱い方に慣れさせます。

(2) 手先の不器用さとの関連

　小さな物を指先でつかめない。閉じた丸が描けない。ボタンがとめられない。これらも、いわゆる感覚統合に問題があるために起こる現象で、目から入る刺激を受け取り、からだの動きへと伝える器官の連携がスムーズに行われないため、細かな運動をコントロールすることが困難になっているのです。

　このようなときは、手指を使うあそびを取り入れて、いろいろな感覚を発達させるような動作の訓練を行うことが必要となります。例えば、指あそびや粘土、積み木あそび、びんのふたの開け閉め、折り紙、はさみを使った活動、買い物の荷物持ち、食器洗い等の活動です。

　ただし、基本的な考え方として、手先が器用になるには、その前提条件として、体幹がしっかりし、肩や肘の動きが滑らかでなければなりません。ですから、手先の不器用さの改善についても、まずは、からだ全体の運動発達を心がけなければなりません。

4.　あそびの種類

　保育、教育、療育の現場において、「①コーナーあそび、②組み合わせあそび、③障害物あそび、④障害物競争、⑤サーキットあそび、⑥サーキット訓練」が行われています。

　「①コーナーあそび」とは、一定区域の小区画に設営されたあそび場のことです。子どもたちが自分で好きなあそびを選択し、自由にコーナーで楽しい運動あそびの体験がもてるようにすることが良いです。

　「②組み合わせあそび」とは、遊具やあそびを組み合わせることで、1つのまとまりのあるあそび場を構成したあそびのことです。そこでのあそびを通して、基本的な運動スキルを向上できるようにしたり、子ども自身が進んで遊びたくなる環境設営を心がけたりすることが大切です。

　「③障害物あそび」とは、スタートとゴールを設けて、その間の走路を妨げるように障害物を配置し、障害物でつくられた課題を克服してゴールに到達するあそびのことです。

　そして、これを競争として行う活動を「④障害物競争」と言います。「⑤サーキットあそび」とは、発着場所が同じ自動車レース「サーキット」から名前をとったあそびで、スタートからゴールまでの間に様々な運動課題をバランスよく設定し、そのコースを複数回、巡回して遊ぶあそびです。これを訓練として行う活動を、「⑥サーキット訓練」と言います。

第2章

障害別にみた障害の内容と発達や運動の特徴

1. 知的障がい児

　知的障害は、知的発達の遅滞の程度が、意思疎通が困難で、日常生活において支障があり、援助を必要とする子どもたちのことを言います。知的障がい児の発達の大きな特徴は、発達のスピードが健常児と異なることです。身長と体重は、全体的に低く、最も身長の伸びる時期（最伸急期）は、男子で5～6歳、女子で8～9歳と、健常児に比べてとても早い時期に一気に背が伸びます。したがって、この時期に、適切な栄養摂取や運動の機会が必要でしょう。

　また、知的障がい児の運動能力は、健常児に比べて平衡機能の著しい遅れが目立つ一方で、つかんだものはなかなか手放さないというように、筋力面は長けていることがあります。また、通常は、運動によって、笑う、叫ぶ、話すという感情表現を通して、全身の感覚機能が発達していきますが、知的障害の場合、知的に遅れや障害があると、奇声は別として、思い切り感情を出す、例えば、怒りをぶつける、おかしくて大声をだす等の機会が少なく、感情やからだの心肺機能、とくに肺が育っていかず、かたくなになりがちです。

　したがって、大声で笑う、声を出す、叫ぶ、深呼吸すると、リラックスできるようになっていきます。運動には関係ないようですが、「声を出す」ことは、運動指導の第一歩と考えることができます。

2. 聴覚・言語障がい児

　聴覚障がい児とは、聴覚系機能に障害があるために、補聴器を利用しても、通常の話し声を理解することが不可能か、著しく困難な子どもたちのことを言います。また、言語障がい児とは、コミュニケーションの過程において、言語学的・生理学的レベルの障害や知的障害などの知能、運動障害と付随した障害があり、言語がまったく表出されないか、あるいは不自由で、思うように相手に理解されにくいことがあります。

　したがって、聴覚・言語障害は、耳が聞こえないために話す機会が減り、おのずと言語に障害が起きるという関連がみられます。

　とくに、聞こえの悪い子どもほど、呼吸が浅く、息の調節がへたになってきます。これは、通常、健常者は口の開け方、息を調節しながら音声を発していますが、話すことをしていないと、息を調節する機会が減るため、このようになります。

　聴覚・言語障がい児の体力・運動能力は、平衡能力のうち、その場での静的平衡能力は劣りませんが、動きを伴う動的平衡性は劣るという特徴があります。また、いくつかの動きを組み合わせる協応動作の発達にも遅れがみられるため、音楽に合わせてなめらかに踊るといったリトミックやダンス、あるいは、旗を振って「よーいドン！」というように、旗が振り上げられるのを目で見て確認すると同時に走り出すような動きは苦手です。単に走る、跳ぶという動きはできますが、目と手と足をいっしょに協応させて動かす発達が遅れるため、タイミングをつかむ能力が劣るということです。つまり、子どもたちは、目と耳の両方を使って、外からの情報を受け入れて、動きにつなげているのです。

3. 視覚障がい児

視覚障害とは、矯正視力が 0.3 未満を指します。まったく見えない場合は全盲と呼ばれますが、実際には、生まれたときからまったく見えない子どもはほとんどいません。今いる所の明暗や人が通るくらいは、なんとなくわかることが多いようです。

視覚障がい児は、視覚の欠損によって視覚的刺激が少ないために、行動範囲や身体活動が制限されます。そのような視覚障害による運動能力の特徴をみますと、主に瞬発力や敏捷性、持続力に遅れがみられます。瞬発力は、瞬時に筋力を発揮する力ですから、目標となるものや方向を目で見定めて動くときに、それが見定められないために、瞬発力を思い切って効率よく発揮できないのです。

また、敏捷性は、動きが速いだけでなく、その動きに方向転換が加わることを言いますので、これも視覚からの情報をもとに、すばやく判断して、方向転換を加えながら動くという点で、視覚障がい児にとっては力を発揮しづらいものとなっています。

もう一つ、持久力についてです。これは筋力を発揮し続けたり、動きを継続させたり、繰り返したりするので、視覚障がい児は、持久力に遅れがみられることはないように思われるかもしれません。しかし、軽いジョギングをする状況をイメージしてみてください。景色が次々と移り変わり、新しい景色を見たり、季節の変化に気づいたり、美しい自然が視界に入ったりして、視覚からの情報があることで、体力や集中力、気力を長続きさせることが、さらにできますが、その視覚からの情報がないと、ずっと暗い中で、ひたすら手や足を動かすことになります。せいぜい、自分がイメージする景色を思い浮かべることしかできません。これでは、純粋な忍耐力との勝負となりますので、持続させることは、なかなかハードルの高いものとなります。

ただ、このような視覚障がい児の運動能力が劣るのは、体力・運動能力が単に劣っているのではなく、今までにあまり外出しない、あるいは思い切りから

だを動かすことをしていないために、二次的障害として出てくると考えるのが妥当でしょう。

4.　発達障がい児

　知能に遅れはないけれども、特別な教育的支援を必要とする子どもとして、注目されているLD（学習障害）児、ADHD（注意欠陥／多動性障害）児、高機能自閉症児、アスペルガー症候群の子どもたちは、発達障がい児と呼ばれ、全身運動の不器用さがみられます。

　発達障がい児の特徴として、①全身運動の不器用さ（家具やドアに、からだをよくぶつける、公園の運動遊具で上手に遊べない、動作模倣が苦手など）、②手の操作の不器用さ、③姿勢の崩れ（姿勢がシャキッとしない、床に寝そべって遊ぶことが多い、落ち着きがない）等が挙げられます。

　そのほか、遊戯やリズム体操などでうまくからだがついていかない、キャッチボールやボール蹴り等の運動が苦手である、ジャングルジムに上り下りするが、くぐることが苦手である等です。このような子どもたちは、「感覚統合」に問題がある場合が多く、そのための運動を促すことが有効です。

　感覚統合とは、脳が内外からの多くの刺激を有効に利用できるよう、能率的に選択・整理し、組み合わせることを言います。この感覚統合のおかげで、私たちは外界の状況に対して、適切に反応することができます。発達障がい児は、鈍いところはぶつけても痛いと感じず、逆に過敏なところは触れられるだけで非常に痛がったり、逃げていったりします。

　このような特徴をふまえ、発達障がい児に有効な指導や支援は、

　①あらゆる刺激に平等に反応してしまうので、無用な刺激は与えないようにします。

　②気が散りやすいので、不要なものは置かないようにします。

　③メリハリをつけるため、好む活動と苦手な活動の順序で指導を組み立てます。

　このほか、感覚系から得た情報を選択・整理し、目的に応じた円滑な動きを

向上させる一連の指導「感覚統合訓練（療法）」が行われています。感覚器官の使われやすい順序は、ゆれと関節 → 触覚 → 耳 → 目であるという原則を踏まえて行われれば、効果が得やすくなります。

5. 感覚統合に問題のある場合の運動について

　手の操作が不器用であったり、からだがグニャグニャしていて、姿勢がしっかり維持できなかったり、床に寝そべって遊ぶことが多いという感覚統合に問題がある子どもの場合には、そのための運動を促すことが必要です。

　「感覚統合」の力は、外界の状況に適切に反応することができたり、新たな学習を行う際のやり方を工夫したりすることにも繋がっています。今まで使ったことのない遊具も、たいていの子どもは、誰かに教わらなくても遊び方を自分で見いだすことができますが、感覚統合に失敗している子どもは、発達・行動・学習に不都合な問題が生じてしまいます。このような時、専門機関において、「感覚統合訓練（療法）」が行われています。

　子どもは、とくに運動あそびにおいて、様々な姿勢や動き、全身運動、手足の複合運動、目と手の協応運動などが自然に繰り返されるため、脳や中枢神経系の機能が高まり、必然的に運動に関する調整力が発達します。このような経験は、粘り強く健康な生活を保持していく態度や習慣、能力をつけていくことに発展していきます。

6. 多動に対しての工夫

　落ち着きがなく、目が離せない、手が離せない、短時間に次々とあそびを変える、自分の順番を待てない、着席行動がとれず、活動中に立ち歩く等の多動に対しては、規制だけでは改善は望めません。かといって、決定的な指導法があるわけではありませんので、子どもの様子を見て、次のような活動を選択し、組み合わせて20〜30分行うと、効果的です。

　①感覚を調整する、ゴロゴロあそび、マットでの横転、乾布まさつ等、

②からだのイメージをつくる、椅子くぐり、椅子わたり、ひもまたぎ、ひもくぐり

③合図に合わせて動くというルールを設定しての運動、上体おこし等。

④静止する、待つ、寝かせる、バランスボールに乗る等です。

⑤過緊張をゆるめる、押し・ゆるめる運動や足ゆらし

⑥バランスをとる、片足立ちや、つま先歩き、かかと歩き

⑦ゆっくり動く、高ばい

⑧協応運動である、四つばい

⑨一定のペースで動き続ける、大人といっしょに歩く歩行運動

⑩用具を上手に使う、足での輪なげ、キャッチボール、ボウリングがあります。

指導にあたっての配慮事項：指導にあたっての配慮事項ですが、あらゆる刺激に対して平等に反応してしまうので、無用の刺激を与えないことが大切です。また、気が散りやすいので、不必要な物は置かないこと。メリハリをつけるため、好む活動と苦手な活動の順序に配慮すること。とくに集中させたい活動は、最後にもっていく。体育館やプレイルームでの活動の場合、自分の居場所がわかるように、フープを置いたり、床にテープを張ったりして、印を与えることが必要です。また、目標達成にあたる姿が見られたら、その場で、すぐ大いに誉めることが大切です。

多動の子どもは、物事をするのに、行き当たりばったりになる傾向がありますので、好ましい行動が見られたときは大いに誉めることです。さらに、衝動的に行動する前に、これから自分がする行動を、言葉で表現するように習慣づけることで、行動のコントロールがしやすくなります。活動の始まりと、終わりをはっきりと知らせることが求められます。

なお、指導したことでパニックを起こしかけたときは、その場から遠ざけ、気持ちが落ち着くのを待って静かに話しかけ、落ち着いた後、活動を続けます。その子どもの実態に合わせて、最初は短時間を目標にし、徐々に時間をのばしていくとよいでしょう。

7. 体力・運動能力を高めるためには

　障害の有無にかかわらず、体力を向上させるためには、食事と睡眠、活動量を増やした運動が必要となってきます。疲労感をもつ程度の運動が好ましく、それによって得られた効果を、「トレーニング効果」と言います。しかし、一晩の睡眠で疲れが取れないレベルになると、「オーバートレーニング」という過労が重なる状況となり、その結果、度が過ぎると、病気に繋がる可能性があります。つまり、食事・運動・睡眠の生活習慣を整え、活動量を増やして運動することが大切です。

　そして、動作スキルをバランスよく身につけていくと、良い運動パフォーマンスを行えるようになり、それが運動能力の向上に繋がっていきます。運動能力は、体力と運動スキルの総合能力と言えます。そのため、障害のある子どもも、小さい頃から「①移動系運動スキル、②操作系運動スキル、③平衡系運動スキル、④非移動系運動スキル」という4つの運動スキルを偏りなく経験しておくことが大切であり、そのためには運動遊具の利用が効果的です。

　上り下りのできる遊具によって、「①移動系運動スキル」を、ダンボール箱でつくった動物の口にボールを入れるあそびを通して「②操作系運動スキル」を、平均台あそびによって「③平衡系運動スキル」を、鉄棒やうんてい等のぶらさがりあそびによって「④非移動系運動スキル」を身につけることができます。

第3章

子どもの理解と実態把握の難しさ

1. 乳児期の発育・発達と運動

　出生時の子どもの体重は約3 kgで、男の子の方がやや重い特徴があります。出生時の体重が2.5 kg未満の乳児を低出生体重児、1 kg未満を超低出生体重児といいます。

　体重は、3〜4か月で約2倍、生後1年で約3倍、3歳で4倍、4歳で5倍、5歳で6倍と変化します。身長は、約50 cm、生後3か月の伸びが最も顕著で、約10 cm伸びます。生後1年間で24〜25 cm、1〜2歳の間で約10 cm、その後、6〜7 cmずつ伸び、4〜5歳で出生時の約2倍に、11歳〜12歳で約3倍になります。

　運動の発達は、直立歩行ができるようになり、様々な形態で移動し、しだいに、腕や手が把握器官として発達します。まず、生まれてから2か月ほどで、回転運動（寝返り）をし、這いずりを経験します。6か月頃には、一人でお座りができ、8か月頃には、這い這いができ、胴体は床から離れます。そして、伝い立ち、伝い歩き、直立歩行が可能となりますが、人的環境の積極的な働きかけがあってこそ、正常な発達が保障されるということを忘れてはなりません。

　その後、小学校に入学する頃には、人間が一生のうちで行う日常的な運動のほとんどを身につけています。この時期は、強い運動欲求はありますが、飽きっぽいのが特徴です。

2. 発達の順序性と幼児期の運動

運動機能の発達は、3つの特徴があります。

①頭部から下肢の方へと、機能の発達が移っていく。

②身体の中枢部から末梢部へと運動が進む。

③大きな筋肉を使った粗大な運動しかできない時期から、しだいに分化して、小さな筋肉を巧みに使える微細運動や協調運動が可能となり、意識（随意）運動ができるようになる。

発育・発達には、ある一定の連続性があり、急速に進行する時期と緩やかな時期、また、停滞する時期があります。幼児の運動機能の向上を考える場合、第1に器用な身のこなしのできることを主眼とし、はじめは、細かい運動はできず、全身運動が多く、そして、4〜5歳くらいになると、手先や指先の運動が単独に行われるようになります。

5〜6歳になると、独創的発達が進み、さらに、情緒性も発達するため、あそびから一歩進んで体育的な運動を加味することが大切になってきます。競争や遊戯などをしっかり経験させて、運動機能を発達させましょう。跳躍距離は、5歳児では両足とびで、自身の身長分跳べ、6歳児になると、3歳児の2倍近くの距離を跳べるようになります。これは、脚の筋力の発達と協応動作の発達によるものです。

投げる運動では、大きな腕の力や手首の力があっても、手からボールを離すタイミングを誤ると、距離は伸びません。懸垂運動は、筋の持久性はもとより、運動を続けようという意志力にも影響を受けます。

幼児期では、運動能力、とくに大脳皮質の運動領域の発達による調整力の伸びがはやく、性別を問わず、4歳頃になると急にその能力が身についてきます。これは、脳の錘体細胞が4歳頃になると、急に回路化し、それに筋肉や骨格も発達していくためでしょう。発育・発達は、それぞれの子どもによって速度が異なり、かなりの個人差のあることをよく理解しておかねばなりません。

児童期になると、からだをコントロールする力である調整力が飛躍的に向上

します。乳幼児期からの著しい神経系の発達に筋力の発達が加わり、構造が複雑な動作や運動が可能となります。スポーツ実践においても、乳幼児期に行っていたあそびから進化して、ルールが複雑なあそびや、より組織的な運動やスポーツ、教育的なプログラムを加味した体育あそびに変化していきます。

3. 言葉の意味：「どうもありがとう」について

　対人関係がなかなか成立しない、自閉傾向の子どもに対し、水を通した療育「水泳療法」を手がけ時の話です。カズ君がビート板を持って、バタ足の練習をしていました。ヘルパーを腰につけて、からだを浮かせて、ビート板を両手で持って、「あんよ・トントン。あんよ・トントン」と、指導者が言葉をかけて、バタ足を指導していました。カズ君は、ビート板を持って、「どうもありがとう」って言うのです。ありがたいと感じてくれているんだね。「頑張ろうね！」トントン、トントンと、練習を続けていました。

　次に、私の所に、カズ君が来た時に、私もカズ君の足を持って、同じように「頑張ろうね！」って言うと、「どうもありがとう」って、ちょっと大きな声で、私に言うのです。このやり取りを続け、繰り返しながら、再度、私のところに戻ってきたときに、「頑張ろうね。カズ君」と言って、バタ足の練習を続けていました。「どうもありがとう」という声が少し大きくなったので、「元気ね。だったら深い方へ行こうか！先生もいっしょに行くからね！」と、深いプールに入って、一生懸命にカズ君と関わり合いながら、応援しようと思ったのでしたが、カズ君は、ビート版をもった手を噛むのです。そして、奇声を発してパニックを起こしたのです。

　私は、びっくりして、すぐお母さんところに、カズ君を連れて行きました。お母さんに、「カズ君の調子は良いけれども、なんか調子悪いんです」と、わかったような、わからないことを言ってしまいました。

　お母さんが一言、「うちのカズは、何か言いませんでしたか？」と尋ねてくれました。私は、「カズ君は、どうもありがとうって、感謝してくれているんですけど」と答えました。「前橋先生、うちのカズが、どうもありがとうって

言うのは、余計なおせっかいをするな！」と訴えているのです。と、教えてくれました。

　私は、カズ君が感謝してくれていると思いながら、「カズ君、頑張ろう、頑張ろう」と、働きかけていたのでした。障害をもった子どもの言葉のもつ意味をしっかり理解しておかないと、子どもの希望とは逆のことを強制させた失敗でした。言葉のもつ意味まで、わかっているようで、わかっていない自分がいました。子どもの理解は、けっこう、難しいですね。

4. 子ども理解とごっこ

　筆者は、障がい児の訓練を仕事としてしながら、「一般の子どもたちが、例えば、3歳のレベルで、どの程度のことができるのか、4歳になると、どんなことができるのか」、一般の子どもたちの発育・発達にも、非常に興味をもっていました。

　そこで、週に何時間かは、一般の子どもたちのいるところへ行って、研修をさせていただきたいと、病院の医院長に伺いを立てたことがありました。そうすると、医院長は、「保育園に行ってきなさい」と勧めてくださいました。「履歴書を書いて、保育園にお邪魔して研修させてもらいなさい。週に1日、行って来なさい」と、許可をいただきました。

　そして、保育園で、自由に子どもたちと遊ぶことになりました。保育園の園長先生が、私の履歴書を見て、「前橋先生は、教員免許状をもっているんですね。だったら、子どもにあそびや運動を教えてやってもらえますか？」と言われました。私もしたかったのですが、保育園の元気な子どもたちとは関わっていなかったので、難しいかなと思いながらも、「はい、わかりました」と言ったのでした。何をしようかと考えてみました。良い案が浮かばなかったので、自分が小さい頃、よく行ったあそびの中で、楽しかったあそびをしてみようと思い、鬼ごっこをしようと考えたのです。

（1）鬼ごっこ

　「園長先生、鬼ごっこを子どもたちに教えてもいいですか？」と尋ね、「いいですよ」と許可をいただき、前に出て指導することになりました。園長先生が、最初、集めてくれた子どもたちは、3歳の女の子でした。3歳の女の子14人が、私のまわりに集まってきました。私は、優しい口調で、「みんな、前橋先生といっしょに、鬼ごっこする？」って聞いたのでした。女の子は「する。する！」と言ってくれました。「やった！」と思ったんですね。そして、「先生は、鬼だぞ！」「みんなは、子どもになって逃げるんだよ。わかった？」といろんな所に、勝手に行ってもらっては困るので、足で線を描き、あそびの区域を作りました。あそび区域を示す線の中に入って、手で鬼の角を作りながら、「鬼だぞ！追いかけるぞ！」と、鬼ごっこを始めだしました。そして、一人の女の子を捕まえたのです。

　なんと、その子が、泣き出したのです。私は、びっくりしましたね。鬼ごっこをしてる中で、転んでもないのに、泣くからびっくりしました。「ごめん、ごめん、もう鬼ごっこをやめるよ」と言いました。子どもは、恐かったのでしょう。泣きながら、「もう、鬼ごっこ、しない？」と訴えるのでした。「鬼ごっこは、もうしないからね」と言っている間に、次々と女の子が、連鎖して、みんな泣いてしまったのです。びっくりしましたね。鬼ごっこは止めて、散歩に誘いましたが、子どもたちは、「散歩に行っても、鬼は、出ない？」と尋ねるのでした。私は、非常にショックでしたね。鬼ごっこがまったくできませんでした。

　私は、ショックを受けましたが、リベンジがしたく、園長先生に、再度、お願いをしました。「男の子に指導させてもらえませんか？男の子と行ってみたいです」と、言ってしまったのです。そして、園長先生は、「3歳組の男の子、集まれ！」と言って、13人の男の子を集めてくださいました。女の子の時と同じように、園長先生が私を紹介してくれ、始まりました。私は、「みんなといっしょに鬼ごっこしたいんだけど、みんな、する？しようね！」と誘いました。子どもたちは、「やろう！やろう！早くしよう！」と答えてくれました。子どもたちの気持ちをつかんだと、喜んだ一瞬でした。「じゃあね、前橋先生

は、鬼になるぞ！」「みんな逃げるんだよ。わかった？」と。子どもたちは、「わかった。わかった。早くやろう！」と盛り上がりました。

　女の子の時と同じように、「鬼だぞ！」と言いながら、男の子たちを追いかけ始めました。そうすると、男の子は、最初逃げていましたが、一人の男の子が戦闘ポーズをとり始めたのです。そして、私に、「パンチ！」と言って、向かってきたのです。叩いたり、蹴ったりし始めました。ほかの男の子は、両手で指先を立てて、私のお尻をめがけて、「浣腸だ！」と突いてきました。鬼ごっこから、戦闘ごっこ、そして、浣腸ごっこが始まったのでした。最後には、全員で、プロレスごっこになっていきました。結局、男の子は、正義感あふれていましたので、ヒーローごっこをし始めたのでした。

　私は、鬼ごっこであれば、教えられると思ったのですが、教えられませんでした。私自身、子どもの頃、鬼ごっこをたくさん経験したはずでしたが、幼児には、まったく通用しなかった思い出となりました。25歳の私が行ったあそびは、ごっこ（まねっこ）あそびではなくて、鬼ごっこという名前のゲームでした。「鬼は追いかけるもの、子は逃げるもの」という、決まったゲーム性の強いあそびを、私は行っていたのです。しかし、3歳の幼児は、ごっこ的世界の中にいて、ヒーローごっこやプロレスごっこ、浣腸ごっこを展開したのでした。

(2) ままごとごっこ

　あそびの代表的なもので、ままごとごっこというのがありますが、私は、小学校の2年生まで、近所の友だちとままごとごっこをしていました。けんちゃんという男の子、けいこちゃんとせっちゃんという女の子がいました。私は、この3人と、仲良く遊んでいました。けいこちゃんが、一番に、「けんちゃん、お父ちゃんになって！」と呼びかけ、1組の家族ができました。せっちゃんも、私に「お父ちゃんになって！」と私を誘ってくれて、もう1組の家族ができ、ままごとごっこをしていました。

　私たちのままごとごっこは、帰宅のシーンから始まっていました。私が仕事から帰ってくると、「帰ったぞ！めし！」って言うんですね。自分の父親の真

似をしていましたね。そうすると、せっちゃんは、「はーい！」と言って、おもちゃの包丁で草を切ってくれて、フライパンをもって野菜炒めを作ってくれたのでした。けんちゃんが帰ってきたら、「帰ったよ」「何か手伝おうか」って言うんですね。けんちゃんは、とても優しいです。おそらく、けんちゃんは、けんちゃんのお父さんを真似していたのでしょう。十人十色のお父さんを演じることができる真似っこができるのが、ままごとごっこです。決まったお父さんの形はないわけです。いろんなお父さんを演じてよいのです。

　鬼ごっこも、いろんな鬼ごっこがあっていいのでしょう。子どもたちも、次第にルールがわかってきて、ゲーム的な展開ができるようになってくると、ゲーム性が高いあそび、例えば、鬼は追いかけるもの、子は逃げるものという共通理解のもとで展開できる鬼ゲームができるようになっていくのです。

　私が言いたいことは、私たち大人は、ゲーム性の中で生活していますけれども、幼い子どもたちには、共通した一つのルールでもって展開するようなことは合わないようです。小さい頃は、ごっこ性の強いあそびが受け入れられ、だんだんゲーム性のあそびができるようになっていきます。ごっこの心をもたないと、幼児と遊べませんね。

　私は、ゲーム性で、幼児期の子どもたちに切り込んで失敗していたんですね。男の子に対しても、女の子に対しても、子どもの理解は難しいし、分かってるようで分かってないということが思い知らされた体験でした。

5.　言葉の理解

①言葉の理解、一つを取り上げても、難しい面があります。私の思い出ですけれども、幼児が運動会の練習していました。行進をしていたのです。前を向いて、隊列を組んで歩いていました。もっとしっかり腕を振ってもらいたいと思ったので、子どもの方に「しっかり手を振りなさい！」と指導した時です。子どもは、私に手を振るのでした。ちょっと、共通した理解がもてませんでした。

②ひろ君という子が、4月から幼稚園に入園していきます。そのひろ君と、入園前の3月に接した時の話です。「ひろ君、今年、幼稚園に行くんだね」と言うと、ひろ君がこういうのです。「ことし幼稚園じゃねえ、ひかり幼稚園に行くんだ！」って言うんですね。私は、今年から幼稚園に上がるんだねっていう意味で、「今年、幼稚園だね」「そうじゃないよ。ひかり幼稚園だよ」と。子どものことば理解は、非常に楽しいですね。言葉の理解、一つを取り上げても難しいなと思い知らされました。

③「さあ、みんなで手をつないで輪になって」と言うと、寝転んで子どもが手をつなぎ合ってワニになるんですね。ワニの真似っこするんですね。そう思ったのでしょうね。子どもが理解している言葉、非常にやり取りがおもしろいですね。

6. 心理的発達と大人の理解

　幼児期の心理的、あるいは、身体的な発達の面でも、いろいろと、私たちが戸惑うこともあります。価値観の発達をみますと、3歳の女の子のかけっこで、私たち大人は、「競争だから、速く行ってね」という思いがあります。私の友だちが親として、3歳の娘の運動会のかけっこを見学・応援していました。私も、ついて行きました。「頑張ってね！」「一番になって！」
　「よーい・ドン」で、走りました。ところが、娘さんは速かったのですが、ゴールの近くで、立ち止まったのです。どんどん抜かれていくのです。なんで止まるのかなと思ったら、一番最後から、仲良しのお友だちが来ていたのです。その子と手を繋いで、最後に、いっしょにゴールインしてしまったのです。親は、「なぜ、一番にならないの！」って、「止まるんじゃなくて、速く行くのよ！」って言うのですが、その3歳の子どもさんにとっての価値観は、友だちと仲良くというのが良かったのでしょう。
　そして、午前中に運動会が終わって、午後、その友だちの家を訪問しました。子どもたちは、泥んこあそびを、家のまわりでしていたのです。お母さん

は、ドーナッツを作って、「おやつだよ！みんな、おいで！」って呼びかけた時に、みんなすごい勢いで、我先に集まってきたのです。朝と、同じお母さんですよ。お母さんは、一言、言いました。「お菓子は逃げないんだから、なぜ、みんな仲良くできないの！押さないの！」って言ってしまったのです。でも、午前中の運動会の時には、「人よりも速く、一番になりなさい」という雰囲気で関わっていましたけれども、午後は、おやつの時は、「お友だちと仲良くしさない」と言っていました。同じお母さんが、同じ子どもに対して、そんな話をしてしまったのですね。子どもの方も戸惑いましたね。いつ一番になって、いつ仲良くしたらいいのか、わからない。そんな状況を生み出しました。

7. からだの発育・発達理解

(1) 身体各部のつり合いの変化

　からだの発達として、小さい時期は頭でっかち・胴長で、足が短くて、なかなかバランスが取りにくい状態にあります。鉄棒のバーに乗っても、おへその下あたりをバーに当ててバランスをとる大人とは違って、3歳くらいの幼児は、おへそよりも上ぐらいでバランスとっています。ですから、大人のように鉄棒のバーにおなかをつけて、「先生のように、手を伸ばして」と言うと、頭でっかち・胴長ですから、倒れてしまいます。要は、身体的な発達でも、3歳児の重心は、おへそよりも上の方に来るので、大人と同じようなバランスのとり方はできにくいのです。

　また、運動会のかけっこですが、低年齢の子どもには、直線コースがいいです。フィールドを使って、ヨタヨタしながらも、まっすぐの方向に走るというのが、動きやすいコース設定です。だんだん大きくなると、コーナーを回れるように調整力がついてきますが、低年齢の子どもがコーナーを回るのは非常に難しいです。頭でっかち・胴長ですから、運動会のかけっこでは、コーナーを回っていると、外に振られるという特徴がありますので、年齢レベルに応じたかけっこのコースの設定の仕方は、よく考えなければなりません。

　それらの根拠ですけれども、ストラッツ先生によって基本情報が報告されて

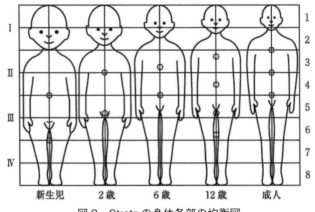

図2　Stratz の身体各部の均衡図

いますので、ご紹介します（図2）。身体各部分の均衡の変化について、Stratz
先生の研究をもとに考察してみますと、図で示すように、子どもというもの
は、大人を小さくしたものではなく、年齢によって、身体各部の釣合は変化す
ることがわかります。

　例えば、頭身を基準にすると、新生児の身長は頭身の4倍、すなわち、4頭
身です。2歳で5頭身、6歳で6頭身、12歳で7頭身、成人でほぼ8頭身に
なります。

　つまり、幼児は、年齢が小さい程、頭部の割合が大きく、四肢が小さいので
す。その重い頭が身体の最上部にあるということは、身体全体の重心の位置が
それだけ高いところにくるわけで、不安定になり、転びやすくなります。

　しかも、幼児期は、からだの平衡機能の発達自体も十分に進んでいないた
め、前かがみの姿勢になったとき、いっそうバランスがとりにくく、頭から転
落し、顔面をケガする危険性が増大するわけです。

(2) 臓器別発育パターン

　スキャモン先生の臓器別発育パターンの研究成果報告をご覧ください。発
育・発達のプロセスにおいて、身体各部の発育も、内臓諸器官における機能の
発達も、決してバランスよく同じ比率で増大したり、進行したりするものでは

ありません。Scammon先生は、人間が発育・発達していくプロセスで、臓器別の組織特性が存在することに注目し、筋肉・骨格系（一般型）や脳・神経系（神経型）、生殖腺系（生殖型）、リンパ腺系（リンパ型）の発育の型を図にまとめ、人間のからだのメカニズムを理解する貴重な資料を私たちに提供してくれました（図3）。

①一般型は、筋肉や骨格、呼吸器官、循環器官など、

②神経型は、脳や神経・感覚器官など、

③生殖型は、生殖器官、

④リンパ型は、ホルモンや内分秘線などに関する器官の発育をそれぞれ示しています。

脳・神経系は、生後、急速に発達し、10歳前後には、ほほ成人の90％近く

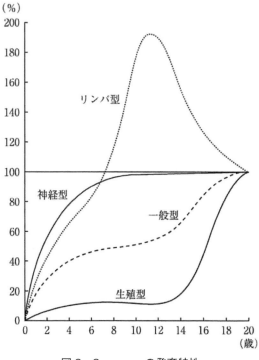

図3　Scammon の発育特性

に達するのに対し、リンパ型は 12 歳前後の 200％ 近くから少しずつ減少し、20 歳近くで成人域に戻るというのが、その概要です。

1）神経型と一般型

幼児期では、神経型だけが、すでに成人の 80％ 近く達しているのに、一般型の発育は極めて未熟で、青年期になるまで完成を待たねばなりません。このような状態なので、幼児は運動あそびの中で調整力に関することには長足の進歩を示しますが、筋力を強くすることや持久力を伸ばすことは弱いようです。

したがって、4 歳・5 歳児が「部屋の中での追いかけごっこ」や「自転車乗りの練習」をするときには、母親顔負けの進歩を示しますが、「タイヤはこび」や「マットはこび」では、まるで歯がたたないのです。

つまり、幼児期における指導では、まず、下地のできている感覚・神経系の機能を中心とした協応性や敏捷性、平衡性、巧緻性などの調整力を育てるような運動をしっかりさせてやりたいと願います。

ところが、ここで誤解していただいては困ることが一つあります。それは、筋肉や骨格などは、まだ成人の 30％ 程度の発育量を示すに過ぎないからといって、筋力を用いる運動や筋力の訓練をまったくの無意味と考えてもらっては困るということです。

幼児の日常生活に必要とされる、手や足腰の筋力を鍛えることは、幼児にとっても大切なことであることを確認していただきたいと思います。

実際には、子どもの運動機能の向上を考える場合、第一に器用な身のこなしのできることを主眼とし、筋力や持久力は運動あそびの中で副次的に伸ばされるものというようにとらえておいて下さい。

また、運動機能は、感覚・神経機能や筋機能、内臓機能など、諸機能の統合によって、その力が発揮されるものであることも忘れないで下さい。

2）生殖型

生殖腺系の発育は、幼児期や小学校低学年の児童期の段階では、成人の約 10％ 程度であり、男女差による影響は少ないと考えられます。

　したがって、幼少児期において、男女はいっしょに行える運動課題を与えても良いと考え、もし差が認められる場合には、それを男女差と考えるよりは、むしろ個人差と見ていく方が良いかもしれません。ただし、スキャモン先生が示してくれた生殖腺や筋肉や骨格の発育傾向は、現代っ子の発育加速現象で、スキャモン先生が研究された頃よりは、年齢が少し早くなっていることを忘れてはなりません。

3）リンパ型

　リンパ腺系の発育は、幼児期に急速に増大し、7歳頃には、すでに成人の水準に達しています。そして、12歳前後で、成人の2倍近くに達します。つまり、抵抗力の弱い幼児は、外界からの細菌の侵襲などに備え、からだを守るために、リンパ型の急速な発達の必要性があると考えます。さらに、成人に近づき、抵抗力が強化されると、それとともに、リンパ型は衰退していくのです。

第4章

発達と運動、親子ふれあい体操のススメ

　親子ふれあい体操は、いいことがいっぱいあります。道具が必要なく、からだだけを使って運動ができ、親子の体力づくりに役立ちます。子どもが親を独り占めにできる、心の居場所づくりにも寄与します。ふれあうことで、親と子のコミュニケーションづくりに役立ち、言葉の発達を促し、社会性づくりにも寄与していきます。お金をかけずに、運動ができます。お互いの体重を貸し借りし合って、身体認識力を高め、空間認知能力を育て、ひいては、安全能力を向上させることができます。動き方を工夫することで、知的面の発達・成長にも繋がっていきます。室内でも、十分な運動量を確保でき、あわせて運動エネルギーを発散させて、情緒の解放を図ります。近年、弱くなっている逆さ感覚や回転感覚、支持感覚を磨くことができます。部屋の中で行う時は、窓を開けて風通しを良くして行いましょう。体操が終わったら、手洗いやうがいをして、汗をしっかり拭くようにしましょう。

1. 4カ月～7カ月の運動

　では、親子ふれあい体操を紹介していきます。4カ月～7カ月の運動についてです。が、乳児の扱いに少し慣れてきた4カ月頃からできる体操を紹介していきます。

　生後4カ月で、赤ちゃんの脇の下を支え立たせると、喜んでピョンピョンと、脚で床を蹴るようになります。生後5カ月近くになって、赤ちゃんの両足を持って寝返りをさせようと働きかけると、上半身はどうにか自分の力で返すことができるようになります。寝返りは、この働きかけを何度か続けていく

ことによって、できるようになります。

　赤ちゃんが寝返りを打つことを覚えてハイハイの姿勢になると、動いている人の姿や動くおもちゃをしっかり見つめて、動きを追うようになります。また、仰向けの状態から手を引いて起こそうとすると、腕を曲げ、一生懸命に自ら起きようとします。さらに、両手を持って立たせると、しばらく脚を踏ん張って立つようにもなります。

2. 6カ月～8カ月頃の運動

　6カ月頃には、ハイハイをし始めようとします。前へ進むより、後ずさりの方が簡単で、早くできます。前へ進む方は、床を蹴る要領の体得が、今一歩、難しいようです。前進するハイハイを促す働きかけとしては、赤ちゃんの前方に、赤ちゃんの興味のあるおもちゃを置いて動機づけると良いでしょう。それも、手が届きそうなところに置くことがポイントです。赤ちゃんがおもちゃを取ろうと踏ん張った時に、赤ちゃんの両足の裏を軽く押して蹴りやすくします。つまり、赤ちゃんが踏ん張った時に力が入るように、赤ちゃんの両足の裏に手を添えて援助します。

　7カ月頃には、お母さんの支えなしで、足を投げ出して少しの間、座っていられるようになります。これを一人すわり、または、えんこと言います。こうした、いろいろな経験をしていくうちに、生後8カ月頃には、ハイハイで前進できるようになってきます。このハイハイができるようになると、行動範囲が広がり、いろいろなことを行ってみたくなります。また、つかまり立ちができ、支えて歩かせることも可能になります。

3. 9カ月～12カ月頃の運動

　9カ月～10カ月頃には、片手を添えると、片手を持って歩かせることもできるようになります。11カ月～12カ月では、まったく支えなしで立てるようになります。ただし、これらの運動は、生後の外的刺激と乳児自身の意欲から

獲得される運動ですので、自然のまま放置していては起こらないことを頭に入れておいてください。そのためには、運動機能を発達させるための練習が必要となってきます。

ここで紹介する親子ふれあい体操が、そのために一番理にかなっている刺激であり、働きかけだと思います。

4. 1歳〜1歳3カ月の運動

1歳〜1歳3カ月の運動についてです。伝い歩きが始まったら、両手を支えて前方への歩行練習をさせ、前方への足踏み運動の感覚を覚えさせることが大切です。そして、自力で少しずつ前進し始めます。

立位での活動の始まるこの時期に、いろいろなバランスあそびに楽しく取り組んでいきましょう。これらのあそびの経験が、安全に活動できる基礎づくりになっていきます。揺れる膝の上でバランスを取ったり、リズミカルに立ったり、座ったり、歩いたりして、平衡性やリズム感を養います。親と子のコミュニケーションづくり、快の体験と情緒の解放をしっかり図ってください。

5. 1歳4カ月〜1歳7ヵ月の運動

1歳4カ月〜1歳7ヵ月の運動です。立ち上げてもらったり、逆さにしてもらったり、回してもらったりして、見える世界が変わってきます。空間認知能力がどんどん育っていきます。とても喜びますが、親子の信頼関係と、これまでのあそび体験が未熟だと、怖がります。子どもの成長や体調に合わせて、無理をさせないように気をつけてください。

動きや働きかけのポイントとしては、急に子どもの手足を引っ張らないようにすること、子どもが手足に意識が向くように、声をかけてから行うことが大切です。歩行が始まって、ヨチヨチとぎこちない歩き方をしていた子どもでも、1歳6カ月を過ぎる頃から、いろいろな環境の下で、しっかり歩けるようになっていきます。歩幅の乱れもなくなり、でこぼこ道や坂道などもゆっくり

ではありますが、歩けるようになり、また、障害物もまたぐことが可能になります。さらに、しゃがんだりくぐったりを喜んでするようになります。

6. 1歳8か月〜2歳の運動

　1歳8か月〜2歳の運動について、お話をします。布団の上で、じゃれつきあそびを十分に経験させておくと、この時期の運動は、とても完全に楽しく無理なく展開できます。走り出す子どもも見られるようになりますが、走り出した子どもは動き回ろうとする衝動的な気持ちが強すぎるため、走っていて急に止まったり、方向を変えたりすることは、まだまだ難しいようです。これらのことは、2歳の中頃にやっとコントロールができるようになっていきます。

　運動発達の可能月齢は個人差が大きいので、月齢にこだわらず、これらの順序を正しくおさえて発達刺激を与えていけば、多少遅れていても、心配はいりません。また、反対に早ければ早いほど、良いというものではありません。つまり、適切な時期にそれぞれの運動発達が起こるよう、個々の子どもの実態に合った援助をしていきたいものです。

7. 幼児期の親子体操

　幼児期の親子体操について、幼児期における運動は、体力運動能力の基礎を養い、丈夫で健康なからだをつくります。からだを力いっぱい動かした後の爽快感、できなかったことができるようになる達成感などを感じ取ることにより、運動への意欲が育まれます。

　幼児期は、発育・発達に個人差がとても大きく現われます。注意することは、他の子と比較するのではなく、できなかったことができるようになる成長を見守っていくことが大切です。

　幼児期には、いろいろな動きを経験してもらいたいものです。ごみ捨てや買い物袋運び、雑巾しぼり、ゴミ集め、テーブル拭き、窓ふき等のお手伝いは、とてもいい運動になります。子どもの体調に合わせて、無理なく、周囲の物に

気をつけて、安全に行ってください。また、就寝前の運動は、体温を上げ、逆に眠れなくなりますから、夜の運動はやめましょう。親子ふれあい体操をきっかけに、お父さんも、お母さんも、お子さんといっしょに運動する習慣を身につけてみてはいかがでしょうか。皆さん、頑張ってみてください。

8. ふれあいの大切さを、母親の母性行動から考える

母親の母性行動（愛）というものは、母親がわが子に母乳を与えながら世話をすることによって、自然な形で神経学的機構にもとづいて「母性の維持」がなされるのです。つまり、産後（直後）からは、子どもからの乳房への吸啜刺激で母性行動が維持されるので、母と子を決して離してはならないのです。

吸啜刺激とは、赤ちゃんが乳房を吸うときに、母親が受ける刺激のことです。出生直後から、わが子と同室でいっしょに過ごすことができれば、授乳による吸啜刺激を受けて母親の母性行動が維持され、そして、母子相互のかかわり合いにより、母性行動が円滑に確立されていきます。延長保育や休日保育、夜間保育などの保育サービスが全国的に増えてきましたが、母親の母性行動の発現と維持の面からみると、少しずつ母親を子どもから離しているようです。子どもと母親を離す方向に向かいすぎれば、母親の母性行動が育たない方向に向かうのです。

大西鐘壽氏によると、生殖・妊娠を支える時期には、卵胞ホルモン（エストロゲン）、黄体ホルモン（プロゲステロン）、プロラクチン、オキシトシン等のホルモンが母性行動の発現を促進するので、妊娠期間中の母性意識は、ホルモン・内分泌系によって発現・維持されているとのことです。それが、産後、神経系のコントロールに置き換わって母性行動となるため、産後は、子どもと離れない生活、スキンシップのもてる活動が、母子にとって大切なことになるのでしょう。

行政や保育園は、母親を子どもからできるだけ離さない生活の方法や支援のあり方を考え、そのあり方をベースにして、お母さん方に子育ての望ましい方法や具体的な育児のあり方を指導・助言して、子育て支援をすすめていただき

たいのです。やむを得ない場合には、それぞれの状況下で、母子の時間をできるだけ多く確保する支援企画が求められるわけです。ですから、親子ふれあい体操は、母子が出会ったときに、できるだけ質の良いふれあいをもたせてくれる、素晴らしい活動なのです。

したがって、子どもから母親を離す方向にばかり向いているようではだめなのです。子どもを母親から離さないことを基盤にして、育児方法や母親の健康管理・ストレスマネージメント等について支援してくれる保育現場の先生方は、ありがたい人たちなのです。口うるさいかもしれませんが、わが子とできるだけいっしょに過ごすようアドバイスをしていただける先生に感謝です。

そして、母親がより良い心身のコンディションを保ちつつ、子育てに臨んでもらえるよう援助してくれることこそが、「本当の子育て支援」といえるのではないでしょうか。そして、子育て支援の施策の中では、子どもの利益が最大限に尊重されることを心より願っています。

9. 家庭でできる親子ふれあい体操の魅力

わが国では、子どもたちの学力低下や体力低下、心の問題など、からだと心の両面における問題が顕在化しており、それらの問題の背景には、幼少児期からの生活リズムの乱れや親子のきずなの乏しさが見受けられています。こうした問題に加えて、子どもの生活の中で、エネルギーの発散や情緒の解放を図るために必要な「からだを思い切り動かして遊ぶ機会」が極端に減ってきている問題があります。それが、コロナ禍においては、ますます拍車がかかってきました。

また、今日、便利さや時間の効率性を重視するあまり、徒歩通園よりも車通園をし、歩くという運動量の確保も難しく、親子のふれあいやコミュニケーションの機会が減り、体力低下や外界環境に対する適応力も低下している様子がみられています。加えて、テレビやビデオ、スマホの使いすぎも、対人関係能力や言葉の発達を遅らせ、コミュニケーションが難しい子どもにしてしまう危険性もあります。

　要するに、近年は、コロナ禍による外出自粛や運動規制の影響を受けての、さらなる運動不足と、テレビ・ビデオをはじめとするデジタルデバイス利用促進の影響を受けて、子どもたちの生活リズムが、ますます遅く、夜型になっていることを、懸念しています。遅寝・遅起きの子が増え、睡眠習慣が乱れると、自律神経の働きが弱まり、体温リズムがずれる状態が生じ、ますます生活リズムの悪循環が進んでしまいます。放課後に外で遊び、ご飯を食べて、お風呂に入ってバタンキューとなる昭和時代の子どもの生活は、理に叶っていたようです。

　そこで、乳幼児期から、親子のふれあいがしっかりもてて、かつ、からだを動かす実践をあえて行っていかねばならないと考えます。つまり、「親子ふれあい体操」の実践を勧めたいのです。親子でいっしょに体操をして汗をかいたり、子どもにお父さんやお母さんを独り占めにできる時間をもたせたりすることは、体力づくりだけでなく、子どもの心の居場所づくりにもつながっていきます。親も、子どもの動きを見て、わが子の成長を感じ、喜びを感じてくれることもできます。他の家族がおもしろい動きをしていたら、参考にして、知的面の発達もみられます。そして、子どもが頑張っていることをしっかりほめて、自信をもたせるかかわりも芽生えだします。子どもにも動きを考えさせて、創造性を培う働きかけも見られます。動くことで、子どもたちはお腹がすいて食事が進み、夜には心地よい疲れを得てぐっすり眠れるようになります。このように、**親子ふれあい体操の実践は、食事や睡眠の問題改善、いわゆる生活リズムや知的な面の向上、心の問題の予防・改善にしっかりとつながっていきます**。

　ところが、保育園・こども園・幼稚園で、参観日にお父さんやお母さんが来られたとき、「子どもたちのために、いっしょに親子体操をしよう」というような取り組みがいろいろなところで見られるものの、多くが行事だけに終わっているのが現状です。参観日のときだけにするのでは、生活化していきません。小さい頃から、親子体操や親子のふれあいあそびの体験をしっかりもたせることで、「人とふれあうこと」がテレビやビデオより「楽しい、おもしろい」という**心の動く体験**をしっかりもたせてもらいたいのです。そうしないと、テ

レビやビデオの魅力に負けてしまいます。いったん人と関わる魅力を感じて感動体験をもてば、テレビやビデオを見ていても、友だちに「いっしょに外で遊ぼう」と誘われれば、人と関わるあそびのおもしろさを知っているので、すぐに出ていくものです。しかし、今は、どうしても負けています。

　そこで、私たちは、今、親子ふれあい体操の冷蔵庫作戦を全国展開で行っています。冷蔵庫作戦とは、A4判くらいの紙に親子体操のイラストを描き、ポスターを作って、それを冷蔵庫に貼るものです。冷蔵庫というのは、保護者も子どもも必ず開けます。子どもが冷蔵庫に貼ってある親子ふれあい体操のポスターを見て、「お母さん、これを、いっしょにしようよ！」という訳です。すぐにできるような親子ふれあい体操のメニューが描いてあるので、手軽に実践しやすいです。作戦をたてて、「イヤー、これはお母さんにはできないよ。あなたは大きくなって重くなったから、お父さんが帰ってきたら、してもらおうね」と言いながら、お父さんをうまく巻き込んでいく、お父さんにもしてもらうのも良いアイデアでしょう。

　もう一つは、トイレ作戦と言い、便座の前の壁に貼っておくものです。お父さんが便座にすわって前を見ると「おっ、こんなあそび、俺も小さいときにしてもらったなあ。でも、自分は全然してやっていないなあ」等と思いながら見てもらい、参考にしてもらいます。一つでも、子どもにしてみようかなと思ってもらえれば、しめたものです。

　冷蔵庫作戦やトイレ作戦で、若いお父さんやお母さん方に、また、あそびの伝承がなされていない方々に、そういうメッセージを投げかけていくことで、子どもが求めていることに気づいてもらい、すべき内容も簡単にわかっていただけるのではないでしょうか。

　さて、早稲田大学前橋研究室では、親子ふれあい体操の指導を定期的に全国各地で実施していくことで、各家庭において、親子ふれあい体操を生活の中で日常的に実践できるようになることを期待しています。このような活動が各地で広まり、わが国の子どもたちの体力づくり、知的面（創造性）や社会性の育成、家族のコミュニケーションづくりへとつながり、活動自体が国民的な健康運動となって広く展開されていくことを願っています。

親とからだを動かすことの楽しさを体験した子どもは、きっと勉強にも楽しく取り組んで、さらに家族や社会の人々とのコミュニケーションがしっかりとれる若者に成長していきます。

10.　コロナ禍における親子ふれあい体操のススメ

コロナ禍で、子どもたちは外出できず、外で遊ぶことも制限されていました。それでは、子どもたちの運動不足が心配です。子どもの運動と育ちについて、コロナ禍では、どのように考えたらよいのでしょうか？

コロナ禍であろうと、なかろうと、子どもたちが元気に育つには、よく「食べて・動いて・寝る」という生活習慣と、そのリズムづくリズムが大切です。特に、太陽の出ている日中の運動あそびがとても大切で、運動すると、自律神経の動きがよくなり、何に対しても意欲をもって、自発的・自主的に行動できるようになります。逆に、運動不足だと、自律神経も鍛えられず、その結果、無気力で、何をしても続かず、集中力がない様子が見られるようになります。

私が、大切に奨励している「親子ふれあい体操」は、どのようなものなのかと言いますと、赤ちゃんの首がすわり、保護者も子どもの扱いに慣れてきた、生後4か月位からできる、親と子どもの健康づくり、コミュニケーションづくりの体操です。最近の子どもたちの生活を見ていると、からだをしっかり動かしていない、体力の弱さが気になります。

そこで、コロナ禍であっても、子どもたちに家庭で行ってほしい運動を、親子がいっしょに楽しくできるように計画したのが、家庭での「親子ふれあい体操」です。コロナ禍においても、家族で楽しく「親子ふれあい体操」をするには、どういったことを心がければよいでしょうか。体操は、少しの時間でも問題はありません。道具がなくても大丈夫です。親子がお互いの体重を貸し借りし合ってできます。その時の子どもの様子をみて、ニーズに合ったものを選んで行えます。

赤ちゃんや低年齢児に体操を行うときは、急に始めるのでなく、言葉をかけてから始めるのが、安全のために良いでしょう。心の準備をさせることが大切

です。また、体操が上手にできたら、しっかりほめて、ハグしてあげましょう。

　親子ふれあい体操を展開するときのポイントやメッセージは、体操をして、「ああ、おもしろい」「もっとしたい」「またしてね」というように、子どもの心が動く思い出をしっかりもたせてあげてください。大事なことは、運動を通して、子どもの心が動き、またしたいと感動する体操の実践が大切です。運動、心動、感動です。楽しんでください。

第5章

車イスの基本操作と介助

1. はじめに

車イスのことを知っていますか。まず、お伝えしたい車イス介助の正しい知識と内容から、本章を組み立てました。

①グリップ…介助者が車イスを握って操作・介助するところ。握りの部分です。その下にブレーキがついています。

②タイヤ…後輪のタイヤ

③ハンドリム…ここの部分を持って車イスの操作をします。

④前輪キャスター

⑤ストッパー（ブレーキ）

⑥ティッピングバー…介助者の方がグリップを持って、足でここのテッピングバーを踏むと、前輪キャスターが浮いて、段差をクリアできます。

⑦アームレスト…肘かけになる部分

⑧スカートガード…スカートが巻き込まれないようにガードしてくれます。

⑨レッグレスト

⑩フットレスト…足置き場

2. 車イス介助の知識

(1) 車イスの点検のポイント

乗る前、動く前の点検のポイントを紹介します。安全に、安心して乗るためには、チェックは欠かせません。基本的に、ブレーキレバーを後方に引くと、

車イスはロックされます。前方に倒すと、解除されます。左右両側にあります。タイヤの空気が減っている時は、効きが悪いです。ですから、空気も入れておくようにしてください。

　ポイントは、両側のブレーキレバーを手前に引き、後輪をロックしているかを点検します。この時、車イスを利用してみて、動かないことを確認しましょう。

　次に、フットブレーキのついた車イスもあります。足でフットブレーキを踏み、ロックがかかった状態で車イスを押して動かないことを確認します。もし、動いてしまう場合は、使用を中止し、購入した介護ショップに相談してください。

　車輪についてですが、タイヤの空気が減っていると、ブレーキの効きが悪くなるので注意してください。パンク程度の故障であれば、最寄りの自転車屋さんに修理を依頼することも良い方法です。タイヤの正確な空気圧を設定する場合は、タイヤの側面に空気圧表示がされていますので、それを見て調整をしてください。

　次に、フットレスト、いわゆる、足を乗せるところです。上に、レッグレストがあります。フットレストは、ネジ止めによる固定が多いため、フットレストがネジのゆるみによって脱落したり、適切でない方向に向いてしまっていたりすることがあります。このような場合は、付属の工具でネジを緩め、元の位置に戻しましょう。レッグレストは、マジックテープで裏に固定するものが多いです。外れていないかを確認してください。

　掃除です。前輪キャスターや後輪キャスターの軸の部分に、ほこりや髪の毛が挟まって動きにくくなっていないかを点検しつつ、掃除をしてください。濡れた布で、泥やほこりをふき取った後、乾いた布で拭くことが必要です。

　その他、注意することは、まず、車イスに乗られる際には、必ずブレーキをかけて、車イスが固定できるかどうか、ロックできるかどうかを確認してください。しっかりブレーキをかけていても、横から強い力が加わると、車イスは簡単に動いてしまいますので、十分注意をしてください。また、走行中は足を必ずフットレストの上に乗せておいてください。フットレストと地面の間に、

足が巻き込まれる危険性があります。気をつけてください。車輪とフレームの間に、泥除けのついているものは、その間に指や服が挟まれないよう、注意をしてください。

(2) 乗っていただくときの注意事項

　まず、車イスの広げ方、たたみ方です。広げる時のポイントを紹介します。グリップを持って左右に広げます。そして、シートを上から押さえます。要は、手のひらで、シートを押し下げて広げます。その際に、自分の手を挟まないように気をつけてください。たたむときは、まず、フットレストを上げてください。そして、シートの中央部分を持ち上げて、左右をゆっくり寄せていき、両側から押さえてたたみます。

　次に、乗った時の確認のポイントと言葉かけをお知らせします。前に回って、顔を見て、痛いところがないか、フットレストの上に足がきちんと乗っているかを、笑顔で確認しましょう。もし、何かあれば、その原因を調べて解決してください。

　言葉かけですが、「どこか、しっくりこないところはありますか？」「深く腰をかけられましたか？」等、確認をして、「大丈夫ですね」「動きますよ」と伝えてから、ゆっくり発進します。

(3) 動く前の確認ポイント

　これから何をするかを知らせることが、重要です。ブレーキレバー、ストッパーを解除します。グリップを持ちます。言葉をかけてから、ゆっくり押します。話をしながら、相手をリラックスさせます。では、「○○に向かいます。動きますよ」と、前もって行うことを言うことで、不安感を取り除けます。

3.　基本操作

　まっすぐ前進をしていきます。どこで、何をするために、移動するのかを知らせます。ブレーキを解除し、ゆっくりと前に進みます。幅の狭い場所では、アームレストに乗せた腕を、膝の上に置くようにします。車イスの幅や長さを意識して移動させてください。

　まずは、言葉がけを大切に、移動の喜びを、介助者の笑顔と共に分かち合ってください。

(1)　前向きの右折・左折

　曲がるときは、車の運転時と同じように外側から内側に大きく車イスを動かします。曲がり角の先が見えづらいので、ゆっくりと気を配り、移動します。フットレストからつま先が出ていることに注意し、壁や机などにぶつけないように回転します。ぶつかりそうになったら、車イスを一度止め、後ろに少し戻してから、チャレンジします。

　言葉かけのポイントです。「ゆっくり回しますよ」と、安心させてから移動します。「今度は、後退です。まっすぐ後ろに下がっていきます」と後ろを振り返って、周囲の状況を把握してから、「後ろへ、このまま下がります」と、言葉をかけます。車イスをまっすぐにして、ゆっくりと下がります。後ろを振り返る時、車イスの片方のグリップを強く引いて左右に揺れてしまうことがありますので、その時は両方のグリップを均等に握り、まっすぐ進むように心がけましょう。「後ろには、私がいますからね」「もうすぐ前に向きますから」等と、いつまで続くのかを知らせます。後ろ向きの右折・左折について、「後ろに回ります」と言葉をかけながら、外側から内側へ大きく車イスを動かします。壁にフットレストがぶつからないように、周囲の安全やゆとりを確認しましょう。注意が、後方や内輪、外輪などへ向くことが多いと、集中力が散漫になりやすいので、介助者は落ち着いて行動しましょう。「大きく回りますからね」「ゆっくりと動きますから」と、優しく言葉をかけるのが、言葉かけのポイン

トです。

(2) 上り坂・下り坂

　「上り坂です。後ろに体重をかけた状態で、前向きに上ります」。坂が急であれば、介助者のからだを車イスに近づけるようにして、車イスが振れないようにします。登り切ったら、一度、止まります。

　介助のポイントです。利用者のからだが後方へ移動します。介助者が車イスに近づくことで、安心感を与えます。また、いっしょに声をかけて、言葉を出して言うことで重荷となる気持ちを軽くすることができます。

　下り坂です。下り坂では、後ろ向きに下り、スピードがつかないように、ブレーキを左右均等に少しずつかけながら移動します。車イスを坂に対してまっすぐに向け、介助者は少し後傾し、グリップをしっかり持って、下り終えるまで同じペースで動きます。車イスが振れると、不安をもたらします。まっすぐにして、ゆっくり動かしましょう。心がけのポイントとしては、「しっかり持ってますからね」と、安心してもらえるよう、言葉がけをします。

(3) 階段のぼり・段差おり

　車イスを、段差に対してまっすぐに向けます。ティッピングバーを踏み、グリップを下げると、前輪が上がります。そのまま前に進み、後輪を上げます。ポイントは、勢いをつけず、ゆっくりと押します。低い段差なら、後輪を大きく持ち上げなくて大丈夫です。前輪を上げたときに、座っている人のからだが反るので、介助者のからだを添わせると、安心感をもたらしてくれます。

　言葉がけのポイントは、今、どういう状態になっているかを知らせたり、「大丈夫ですよ」と言ったりして、安心感を与えてください。後輪タイヤが、段差に当たった時に持ち上げます。

　段差おりです。段差があまりない時は、下りに対して車イスをまっすぐに向けてゆっくり下ります。段差がある時は、下りに対して後ろ向きになってまっすぐ下りますが、この時もブレーキを左右均等に使用すると、徐々に降りることができます。下りは、落ちそうな気持ちになりますので、不安を感じさせな

いようにゆっくりと降ります。ガタンという音や衝撃を与えないように、気を配ります。「しっかり持っていますよ」と、言葉をかけて安心してもらいます。

(4) エレベーター

エレベーターに乗って、中で方向転換することは難しいものです。乗る前に方向を転換して、後ろ向きでエレベーターに乗ったり、前向きのままで乗って後ろ向きで下りるのも良いでしょう。そのとき、アームレストの上の腕は、膝の上に移します。前方からエレベーターに入る時は、エレベーターの扉部分の隙間に、前輪キャスターが落ち込んでしまうことがありますので、気をつけてください。

エレベーターでは、狭い空間の中で他人から見られるという意識が強くなります。不安そうな場合は、車イスの前に立ち、笑顔で向き合いましょう。これが介助のポイントです。

言葉かけは、「後ろ向きで降りますから」「ありがとうございます」等と、明るく他人にも元気で受け答えすることで、互いが心地よい時を過ごすことができます。「回転して、バックで入ります」「乗りますよ」それぞれのポイントを知らせていきます。

4. 屋内外の対比

部屋の中と戸外では、どう違うのでしょうか。屋内では、バリアフリーのところが多いので、さほどの衝撃はないので、介助者が一人でも構いません。屋外では、線路の溝とか、格子状の排水溝の蓋、砂利道など、前輪キャスターを落として転倒の恐れがありますので、介助者は 2 人で行くことをおすすめします。何かあったときに、すばやく対応できるので、2 人がおすすめです。

介助のポイントです。屋内は慣れているので、安心ですが、刺激がないので、表情はあまり変化はありません。屋外は、刺激が満ち溢れていますが、不安も大きいのです。

四季や人とのふれあいを楽しみながら移動します。

言葉がけのポイントです。外で見つけた四季を楽しめることも大切です。
「気晴らしをしましょう」「何か見つけていきましょう」等、心のゆとりを見つ
ける言葉がけをすることが大切です。

5. 配慮事項

　さて、最後に配慮すべきことについて、お話をします。車イスを利用し続け
なければならなくなったとき、人は自分自身の姿に涙することがあります。車
イスを受け入れることは、自分の姿を知ることであり、他人の助けを借りなけ
ればならない事実を認めることにもなります。屋外での車イスの移動は、ス
ムーズに行えない厳しさがあります。だからこそ、介助者は利用者の心の状態
を理解することと、車イスの扱いを十分に熟知することが大切と言えます。
　子どもの場合の配慮です。一般に、子どもは、車イスを使用することに対す
る現実受容や自己受容が、大人に比べて十分にできない場合が多いため、よ
り積極的な介助者の関わりを必要とします。子どもとの関係性を深めるため
には、子どもの言葉を否定せず、肯定的に対応することが大切になりますが、
思っていることとは異なる言語表現を用いる場合もありますので、言葉の裏側
にある子どもの気持ちや感情面に寄り添い、共感的に接していきましょう。

第6章

視覚障がい児・者の援助

1. はじめに

　街角で困った様子の視覚障がい児・者の方に出会ったら、みなさん、どうしたらよいのでしょうか？協力・援助する具体的な方法や手順を考えてみましょう。

　まず、「何かお困りですか？」「お手伝いしましょうか」「ご案内をさせていただきましょうか」等と言葉をかけて、協力・援助しようとしていることを伝えて下さい。

　ここでは、私の経験や思い出の中から、皆さんと共有したい質問を抽出し、それらに対する私の提案で、話を進めていきたいと思います。

2. 視覚障がい者の方に街角で出会った時の道順の説明

　Q：視覚障がい者に街角で出会った時、道順の説明は、どのようにすれば良いでしょうか。**A**：まず、わかりやすい表現で、ゆっくり話します。方向を説明する時は、あっちやこっちという表現を避け、相手のからだの向きを中心にした、前後・左右などの方向で、はっきり伝えましょう。指さしは、全盲の人にはまったく理解できません。「パン屋は、この場から数えて2本目の路地を左に曲がってください」と、具体的に説明することが大切です。

　まず、言葉をかけて、協力・援助しようとしていることを伝えましょう。いきなり、からだを触ったり、驚かしたりしないように、思いやって言葉をかけてください。「何かお困りですか？」「お手伝いしましょうか？」「ご案内しま

しょうか？」等、いきなり引っ張ったり、「危ない！」と叫んで、驚かすようなことになったりは、絶対にしないようにしてください。「あの道をこっちからあっちへ」、こっちあっちっていう表現はわかりませんね。具体的な言い回しで、伝えてほしいです。抽象的な言い回しは、しないようにしましょう。

3. 誘導の仕方

Q：誘導は、どのように行ったらよいのでしょうか？

A：相手の意思をよく確認してから誘導します。どこまで誘導すればよいかをしっかり聞きます。お互いに無理をせず、わかりやすい場所としましょう。「□□駅までお願いします」「△△駅の東口の切符販売機前までで、よろしいですね」等と話してください。

誘導中、安全に気を配りながら、周囲の様子や情報を伝えていくことで、親近感が生まれ、お互いにリラックスできます。誘導を終えるときには、その後に一人で移動できるよう、まわりの状況を説明してから、離れましょう。もちろん、同じ方向に行く他の人に誘導を依頼することも良い方法です。

4. 言葉かけ

Q：視覚障がい者の方に、言葉をかけた方がよい時はどんな時でしょうか？

A：危険を伴ったり、まわりの状況を判断しにくかったりする時は、ぜひ、一声かけて、援助しましょう。飛び出た障害物や危険な場所への接近の時、「陸橋の下です。頭が危ないですよ」、駅のプラットホームにいる時などは、「止まって！危ないですよ！」と。また、人混みで混雑してる時、まわりの音が騒がしすぎて状況がつかない時、工事現場の近くや騒音の激しい場所にいる時は、進んで誘導や手引きをしてあげてください。

あわせて、「子どもの声が、いっぱいしますね」「この付近に小学校があります」「あと200ｍほどで、○○駅です」等と、まわりの状況説明もしてあげてください。

5.　安全に誘導するための手引き、介助歩行

　Q：視覚障がい者の方の介助歩行で誘導する際に、最も注意しなければならないことは、何ですか？また、そのための手引きの基本技術を教えてください。

　A：それは、安全の確保です。視覚障がい者の方を手引きで、安全に誘導する人を、ヘルパーと呼びます。そのための手引きの技術の基本を説明します。安全に誘導するための手引き、介助歩行の基本ですが、手引きは、視覚障がい者の方より半歩前に立ち、肘付近を軽く握らせてあげてください。手引きする腕は、自然に下げて、余分な力はできるだけ抜くようにします。緊張したり、肘をつっぱったり、肘がからだから離れたりすると、ヘルパーの動きを視覚障がい者の方に伝えにくくなります。視覚障がい者の方が、肘を強く握ったり、尻込みをしてる時は、視覚障がい者の方が不安を感じてる時ですから、歩く速さをやや遅めにしたり、会話で不安や緊張を和らげたりしてください。

　歩行中は、2人分の幅を取っているので、視覚障がい者の方の近くの障害物にはくれぐれも注意をしてください。物を避けるとき、基本で2人が通れない場合は、狭いところを通る要領で進み、まずは狭くなることを伝えます。手引きしている腕を、後ろに回して、ヘルパーが先に立ち、前後に並んで通ります。この時、ヘルパーは、からだが常に進行方向に向くように心がけます。視覚障がい者の方には、肘を持っている腕を伸ばしてもらい、ヘルパーとの距離を取るようにしてもらいます。歩く速さは、ゆっくりとしたペースで、通り過ぎたら、もとの基本形に戻ります。ヘルパーと視覚障がい者の方の身長が大きく異なる場合は、お互いに無理のない姿勢で、特に視覚障がい者の方にはヘルパーの腕のつかみやすい部分をつかむようにしてもらいましょう。

　後ろから押したり、抱きかかえたりするような誘導は、視覚障がい者の方にとっては、方向が定まらず、不安を抱くことになりますので、絶対に避けましょう。子どもの場合は、ヘルパーが子どもの手を握って誘導するのがよいでしょう。

6. 狭いところでの手引き

Q：狭いところを通る時の手引きを教えてください。

A：一人しか通過できないような狭い所へ来た時は、狭くなることを、まず伝えます。そして、手引きしている腕を後ろに回してヘルパーが先に立ち、前後に並んで、ゆっくりと通ります。この時、ヘルパーは、からだが常に進行方向に向くように心がけます。視覚障がい者には、肘を持っている腕を伸ばしてもらいながら、距離を取るようにしてもらいます。それによって、ヘルパーは、かかとを踏まれずに進むことができます。そして、「狭いところを過ぎましたので、元通りの位置でお願いします」と、お話しください。

7. 段差や階段での手引き

Q：段差や階段では、どのように手引きをしたらよいでしょうか。

A：まず、段差や階段に対しては、まっすぐに近づきます。そして、段の手前で立ち止まり、上りか下りかを伝えます。つま先か、白状の先で、最初の段を確かめてもらいます。続いて、手すりを使用するかしないかを、本人に尋ねます。手すりを使用するか、しないかは、本人の判断に任せます。使用することを希望された場合は、手すりに触れさせてあげてください。

下りの階段があります。「手すりを持たれますか？」と、手すりを使用する場合は、手すりに触れさせてあげましょう。つま先で最初の段を確認してもらいます。ヘルパーは、先に降り始め、一段あとに続きます。段の終わりでは、視覚障がい者が完全に下り終えるのを待ってから、先に進みます。下りに恐怖感をもつ視覚障がい者の方が多いので、特に安全には配慮し、不安が生じない手引きを心がけましょう。手すりを持って安心な時には、ご自分で挑戦してもらってください。ただし、すぐに補助できる位置で見守ってあげてください。降り終えたら、「最後の段が終わりましたよ」と、伝えてください。

8. 車の乗り方

Q：車の乗り方の手引きは、どのようにしますか。

A：まず、ヘルパーは、ドアを開け、視覚障がい者の方の右手を、車の屋根の上の部分に、左手をドアの上部に触れさせてあげます。そうすることで、進行方向や高さがわかり、頭をぶつけたりすることはなくなります。続いて、屋根に手を触れさせてあげながら、乗り込んでもらうようにします。白杖は、ドア側に寄せておくように伝えます。車の利用に慣れている視覚障がい者の方に対しては、ドアの取っ手に触れさせてあげるだけで結構です。自分で確認しながら、乗っていただきます。

9. バス利用の手引き

Q：バス利用の手引きはどのようにしますか。

A：歩道から車道に一旦降りて、バスに乗車する場合は、「車道に降り、バスに乗ります」というふうに、状況を説明する言葉をかけます。降りるときも同様です。「直接、歩道に降ります」という具合に伝えます。

バスの乗降口に、まっすぐ近づきます。手すり、ステップの高さ、整理券の受け取り場所を伝えます。ヘルパーが、「車道に降り、バスに乗ります」と、具体的な手順を説明します。発車の勢いで、倒れないように乗車したら、つり革や手すりを使ってもらうようにしましょう。

運賃の支払いは、事前に相談し、決めておくことがよいです。ヘルパーは、先に乗降します。「手すりはこれですよ」「料金は、200円です」「5つ目の停留所で降りますよ」等と、バスから降りるとき、ヘルパーがステップの手すりに導いて、一段ごとに両足をつき、視覚障がい者に合わせて降ります。

10. 電車の利用の手引き

Q：電車利用の手引きは、どのようにしますか。

A：ヘルパーは、先に乗降します。その時、視覚障がい者の方が、ホームと電車の隙間に足を踏み外さないように注意します。ホームのふちにまっすぐ近づき、ホームと電車の隙間と電車のステップの高さを、視覚障がい者の方に、白杖で確認してもらいます。視覚障がい者の方の手を、手すりや戸袋に触れさせ、足元を確認した後に、乗車します。降りるときも、同じ要領で行います。戸袋は、開けた戸をしまっておくために、端に設けた囲いのことです。

ホームと電車の隙間、電車のステップの高さを確認してください。乗車したら、発車の勢いで倒れないように、吊革か手すりをつかむようにしてもらいます。降りる時は、ドアの前に立ちます。視覚障がい者の方は、片手で誘導者の肘を、もう一方の手で戸袋に触れ、片足でドアレールを確認します。

11. ドアの通り抜けの手引き

Q：ドアの通り抜けの手引きは、どのようにしますか。

A：ドアの開閉の時、ヘルパーがドアを開け、視覚障がい者の方が閉めるようにすると、スムーズにいきます。ヘルパーは、ノブ（ドアの取っ手）側に、視覚障がい者の方は蝶つがい側に、それぞれ位置します。蝶つがい側は、ドアを開閉するために取り付ける金具の側です。ドアが開く方向、押しドアか、引きドアかを伝えます。ヘルパーは、ドアを開き、視覚障がい者の方の空いている手にノブを持たせてあげます。

「今、ドアの前にいます。右にとってです。引きドアです」というふうに、情報を伝えます。ドアを引く時は、2人とも下がります。ヘルパーは、前進し、視覚障がい者の方の手を、ドアエッジ、または、ノブに導きます。視覚障がい者の方は、ドアを通り抜ける時、ドアの裏側のノブに持ち替えて閉めます。

12.　エレベーター利用の手引き

Q：エレベーターでの手引きは、どのようにしますか。

A：エレベーターを利用することを、まず伝えます。そして、お互い、扉の方を向き、出る準備をしておきます。一言、言葉をかけます。「10 階建てのビルです。エレベーターに乗って、5 階で降ります」と、建物の階数は知らせてあげるといいですね。降りる時も、視覚障がい者の方の手を、入り口の戸袋に導きます。これは、ぶつかるのを防ぐためと出口を確認するために行います。要は、エレベーター利用においては、エレベーターを利用することを伝えたり、エレベーターの中に入ったら、お互い扉の方を向き、出る準備をしておくということです。

13.　エスカレーターの手引き

Q：エスカレーターでの手引きは、どのようにしますか。

A：エスカレーターを利用するということと、それが上りか下りかを伝えます。まず、エスカレーターの手前で立ち止まり、空いている手をベルトに触れるように誘導します。そして、ヘルパーは、一段先に位置するように、タイミング良く乗り込みます。続いて、エスカレーターの終わりが近づいたら、そのことを伝えます。降りる際には、お互いバランスを崩さないように、タイミングよく降ります。

　要は、下りか上りか、どちらの方向に向かうエスカレーターかを、まず伝えます。「下りのエスカレーターです」と、ベルトに手を触れるように誘導して下さい。視覚障がい者の方は、足でステップの出てくるタイミングを図って乗ります。つかんでいるベルトが、まっすぐになったら、降りる用意をします。単独で利用する方が安心できるという場合には、そのようにさせてあげてください。バランスを崩しやすい方やお年寄りの場合は、安全を十分に確保できる援助を工夫し、心がけます。エスカレーターに乗ったら、ヘルパーは、視覚障

がい者の方より、一段下から援助することがより安全に繋がります。バランス
を崩しやすい方やお年寄りの場合は、安全を十分に確保できる援助を工夫し、
心がけます。例えば、エスカレーターに乗ったら、視覚障害がい者の方より一
段下から援助することが、より安全につながる場合もありますので、留意して
ください。単独で行動する場合は、ヘルパーは降りた位置で、視覚障がい者の
方が後ろから降りてくるのを待つようにします。

14. トイレ利用の手引き

Q：トイレの案内・誘導は、どのようにしますか。

A：手引きでトイレまで行きます。大便器の場合、ドアの前まで案内し、中
の仕組みを簡単に説明します。最低限必要な情報は、便器の位置と使用方法、
鍵の位置とかけ方、トイレットペーパーの位置、水洗レバーのタイプと位置、
くず入れの位置です。小便器の場合は、便器の正面に対し、水洗か、押しボタ
ン式の場合、その位置を触れさせてあげます。水洗レバーのタイプと位置、ト
イレットペーパーの位置、鍵の位置とかけ方、電気の位置と使用法、くず入れ
の位置です。異性の視覚障がい者の方をトイレに誘導する場合は、視覚障がい
者の方と同性の店員の方や、近くにいる利用者の方に誘導を依頼することもよ
い方法です。「トイレの誘導を、お願いします」と。

15. お金の受け渡し援助

Q：お金の受け渡しの援助は、どのようにしますか。

A：お金は、できるだけ視覚障がい者の方、ご自身に扱ってもらってくださ
い。支払いや釣り銭の受け取り等、お金の受け渡しをする時には、札や小銭の
種類、枚数を必ず声に出して、金銭別に確認して渡すようにしましょう。「お
つりは、千円でした。」と、千円札をきちんと渡します。お金は、種類別に分
けて財布に入れるといいですね。お札は、種類によって大きさが違いますの
で、たたみ方を変えると分かりやすくなります。例えば、1万円札はそのま

ま、5千円札は2つ折り、千円札は4つ折り等と工夫される方も多いです。また、お金は、横の長さがお札によって違います。1万円札は16 cm、5千円札は15.5 cm、千円札は15 cmというふうに、横の長さが違います。また、右下の部分は、目の不自由な方が、指で触って識別できるようになっています。少しザラザラしている印刷になってるのです。識別マークが、お札の右下に準備されています。1万円札は、逆のL字になったザラザラ面です。また、千円札は、横棒です。そして、5千円札は、円形のような形でザラザラ感を感じることができるように、お札によって違います。視覚障がい者の方は、ご自分で確認をされています。

16. 店内移動の手引き

Q：店内での移動の手引きは、どのようにしますか。

A：人混みや商品が出て通路が狭くなってる時は、狭いところでの手引きで移動します。そして、買い物中は、杖や荷物が、周囲の人の迷惑にならないように配慮します。

17. 一時的に離れる時の対処

Q：一時的に離れる時の対処の仕方はどのようにしますか。

A：視覚障がい者の方から、一時的に離れるときは、視覚障がい者の方を、壁や柱などに触れさせてあげましょう。広い空間に一人でいると、大変不安になります。離れる理由を伝えます。待つ方としても、安心して待てます。また、離れる前に周囲の状況を簡単に伝えておきます。

　壁側に移動して、壁に手を触れていただきます。必ず、壁や柱などに触れさせてあげましょう。「ちょっと待っていてください」と言ってから、場を離れてください。ヘルパーの方が、お手洗いに行くこともよくありますね。「ちょっとお手洗いに行ってきますので、ここで待っていてください」と、状況を説明します。「隣に売店があります。ここは、安全な場所なので、心配あ

りません。しばらくお待ちください」と。

18．喫茶店やレストラン利用の援助

Q：喫茶店やレストラン利用の援助の仕方について教えてください。

A：店に入る時は、ドアの通り抜けの要領で行い、室内ではテーブルとテーブルの間が狭くなっていることが多いですので、狭いところの通過方法で移動します。

19．イスを進めるときの手引き

Q：椅子を進める時の手引きは、どのようにしますか。

A：手引きの基本の形で椅子に近づき、視覚障がい者の方の手を椅子の背もたれに軽く触れさせるように誘導します。背もたれの感触で椅子の向きがわかり、後は一人で座ることができます。テーブルがある場合、手を、テーブルと椅子の背に、軽く触れさせてあげてください。背もたれのない椅子やソファー等の場合は、座る部分に手を直接触れさせてあげ、視覚障がい者の方の椅子に座らせる場合に、肩を上から押さえるようにして座らせることはしないようにしてください。背もたれのある椅子は、視覚障がい者の方の手を、椅子の背もたれに軽く触れるように誘導しますが、背もたれのない椅子は、視覚障がい者の方の手を、座る部分に軽く触れるように誘導してください。

20．メニューと値段の説明

Q：メニューと値段の説明は、どのようにしますか。

A：席に着いたら、メニューは全部読み上げるのではなく、相手の好みや希望を聞き、それに合ったメニューを値段といっしょに読むようにします。「エビピラフは、いくらですか？」「780円です」等と、やり取りをしてみてください。

21. テーブルの上の物の位置の説明

Q：テーブルの上の物の位置の説明は、どのようにしますか。

A：テーブルの上に、料理や飲み物が置かれたら、その位置と料理の内容を説明します。テーブルを時計の文字盤に見立てて、物の位置を時刻に置き換えて説明します。食器を、手で直接触れさせてあげながら、説明をすると、より確実に理解できます。テーブルの説明が終わったら、相手の意向をよく聞き、手を貸すかどうかを判断します。過剰なサービスは必要ありません。

さて、対象者の方のからだが一番下にあります。時計の文字盤でいうと、視覚障がい者の方の位置は、6時の位置であることを説明します。そうすると、10時の位置に醤油があります。1時の位置にサラダがあります。5時の位置にスープがあります。そういうふうに、テーブルの上の物の位置の説明を、時計の文字盤に見立てて行います。手を貸す場合は、対象者の手を物に導いて、物の名前と位置を説明してください。

22. ヘルパーとしての心得

Q：ヘルパーとしての心得、手引きの基本を教えてください。

A：視覚障がい者の方を手引きし、介助歩行で安全に誘導する人を、ヘルパーと呼びます。ここでは、手引きの基本を説明させていただきます。ヘルパーの服装は、どのようなものが良いでしょうか。また、荷物は、どのようにしますか。手引きをする時の服装は、動きやすい服装と歩きやすい靴にすることを基本とし、行き先や活動などの目的に合わせて考えましょう。手引きをするときは、両方の手が空いていることが望ましく、できるだけ荷物を持たないように配慮して、リュックのように、両手が自由になるカバンに荷物を入れて運ぶとよいでしょう。両手が自由になる状態がベストです。

23. 白杖の役割

Q：白杖の役割と使い方について教えてください。

A：手引きの際、視覚障がい者の方には、白杖を携帯してもらいます。白杖を利用してもらうことにより、安全に手引きができます。白杖が意味すること、安全の確保、杖の先で障害物や段差を確認します。情報の入手、白杖は、伝導性や伝達性に優れています。路面の状況や点字ブロックを把握することができますので、情報を取り入れるためには有効なものです。シンボルとしても、役に立ちます。白い杖を使用することで、周囲の人に、視覚障がい者であることを知ってもらいます。

　いろんな白杖があります。折りたたみ式、スライド式は、収納が便利です。しかし、つなぎ目がありますので、伝達性が少し悪いかもしれません。自分のからだのサポートもできるサポートケイン、そして、まっすぐになっているもの、折りたたみ式のもの、あるいは、スライド式で収納のできる白杖もあります。

　※白杖の役割：白い杖をついているということで、視覚障がい者であることを他人に知らせる意味もあり、杖の先で一歩前方の段差を知ることもできます。自分の位置を知り、手がかりを得ることにも役立ちます。からだが障害物に直接ぶつかることを防ぎます。そして、路面の状況を知ることもできます。このような役割を、白杖はもっています。

24. 雨の日の手引き

Q：雨の日の手引きは、どのようにしますか。

A：雨の日の手引きでは、2本の傘を、それぞれにさすのは困難ですので、大きめの1本の傘に2人が入るようにしましょう。このとき、手引きの基本より、前後の距離を詰めて、やや横に並ぶ状態にします。もちろん、お互いが濡れないように、レインコートや雨靴を着用すると、さらに良いでしょう。雨

の日は、路面が濡れて足元や杖が滑りやすくなっていますので、よりいっそうの注意が必要です。要は、大きめの傘、視覚障がい者の方の手を、傘の柄に誘導して持っています。レインコートを身につけるといいですね。滑らない靴や長靴を着用するという形で、雨の日の手引きをしていただけたらありがたいです。

　視覚障がい者の方が安心して手引きが受けられるよう、信頼関係を築くことが大切です。手引きをしている時は、街の様子の説明や状況の変化に応じて、例えば、「右に曲がります」とか、「段差があります」といった言葉かけが大切です。また、視覚障がい者の方のプライバシーについては、深入りをしないようにします。同情や哀れみで接するのではなく、相手の人格を尊重し、理解しようとする姿勢が大切です。あくまでも、安全性を第一に手引きすることが求められます。約束の時間は厳守してください。ヘルパーが待ち合わせの時間に遅れた場合、視覚障がい者の方が、自分が時間や場所を間違えたのではないかと大変不安を抱かれます。

第7章

子どもの運動指導上、留意すべき事項

　障害をもつ子どもたちに運動を指導するにあたって、指導上、大切な留意事項を整理してみます。指導を、導入場面、展開場面、整理場面の3つの場面に分けて、検討した指導上の留意事項をまとめてみます。

1. 導入場面の留意事項

(1) 安全な環境設定

　十分な空間を確保し、まわりの人や物に当たらないかを確認してから、安全に指導を始めましょう。また、安全についての約束事は、始める前に話し合っておきましょう。なお、子どもの服装が乱れていれば、安全のため、整えてから始めましょう。指導する場所が屋内か屋外か、また、広さが大きいか、小さいかの違いに応じて、指導内容や方法を変えていくことは必要です。もちろん、危機管理も必要で、屋内であれば、ガラスや家具の位置、屋外であれば落ちているものや穴があいていたりしないか、砂埃はまっていないか等は、とくに意識して、指導前にとり除ける危険なものについては、拾ったり、動かしたりしておきましょう。また、狭い室内で指導する場合、子ども同士の衝突事故を防ぐために、人数を半分に分けて指導を行ったり、その場で動ける内容を導入したりする必要があります。

(2) 服装

　運動を行う時の服装として、①動きやすい服装であるか、②厚着をしていないか、③屋外では、帽子をかぶっているか、④靴をきちんと履いているか、靴の後ろを踏んでいないか、⑤マットや器械系の運動時に、頭部にヘアーピンを

つけていないか等をチェックして、問題があれば、それらの問題点を正してから始めることが大切です。

　指導者自身が、自分の身だしなみに注意することも忘れないようにしてください。子どもたちに、「シャツをズボンにしまいなさい」と言いながら、指導者自らがファッションにこだわり、シャツを出しっぱなしにすることのないように、また、床面で靴下履きのままで指導しないように、気をつけましょう。滑って転んで、大ケガをします。まして、子どもの補助は危なくてできません。まずは、子どもたちの模範となろうとする意識をもつことが大切です。

　なお、子どもたちの顔やからだに、自分の腕時計やアクセサリーをひっかけたりしないように、腕時計やアクセサリーは、はずして指導しましょう。首からかけている笛のヒモにも、要注意です。ヒモが子どもに巻きついたりしないように、笛を首からぶら下げての実技指導は控えましょう。フードつきのウェアーでの指導も、視界を妨げたり、動きを止めたりする可能性があるため、控えましょう。子どもたちの顔やからだをひっかいて傷つけたりしないように、爪を切りそろえておくことも重要です。

(3) 指導者の立ち位置

　屋外で指導を行う場合には、太陽の位置や風向きに注意することが必要です。話を聞く子どもたちに、太陽光や風が直接、正面からあたるような指導者の立ち位置は、子どもがまぶしかったり、寒かったりして、集中力をそぐことになります。子どもたちが、太陽や風を背にして位置できるように心がけましょう。

　また、子どもたちの前に、楽しそうに遊ぶ他の子どもたちがいたり、車の出入りが目に入ったりすると、子どもたちの注意がそちらに移ってしまい、集中力が奪われますので、子どもたちの正面には、指導者以外に、注意の向くような人や物がないように、指導者は立ち位置を決めて下さい。

　年少の子どもたちを指導する場合には、集合時に、決まった立ち位置、つまり、指導者が立つ位置を固定しておくと、わかりやすさと安心感を与えるので、良いでしょう。指導者の声が発せられた際に、「先生はこの方向にいるだ

ろう」という子どもたちの予測がしやすくなることで、子どもたちの集散が早くなって効率の良い時間がつくりやすくなります。

(4) 隊形

　子どもたちを集めての指導では、横長の隊形で集合させることが良いでしょう。横長に集めれば、後方にまで声が届きやすく、指導者とのアイコンタクトもしやすくなり、子どもたちの集中力が増していきます。一方、縦長に子どもたちを集めると、後方に位置する子どもたちには声が届きにくく、示範も見えにくくなります。また、指導者の視線も感じられなくなります。気をつけることは、どのような隊形でも、指導者の視野の中に、全員の子どもが入るような広がり方を意識することです。指導者の視野から外れると、子どもたちは指導者との距離が近くても、指導者の視線を感じづらく、集中力を持続できません。

(5) 整列・子どもたちとの距離

　子どもたちに「集まれ」と呼びかけると、子どもたちは我さきに指導者に向かって走ってきます。「一番になりたい」「大好きな先生にくっつきたい」というのが、子どもたちの気持ちでしょう。そのような場面で、指導者が後方にスペースをとらず、壁に背をつけた状態で集合を呼びかけてしまった場合、身動きが取れなくなります。したがって、子どもたちを集めるときは、自分の立ちたい位置より少し前で、子どもたちを呼んで受け入れ、その後に、自分が数歩、後ろにさがって、子どもたちと一定の距離を保つように心がけましょう。このように、子どもたちとの距離を適切にとることで、示範も見せやすく、子どもたちとの視線も合わせやすく、さらに、ゆとりをもって指導しやすくなります。

　また、はじめの挨拶をする場所と終わりの挨拶をする場所を同じにしておくことも、年少児にとっては、習慣づくりやわかりやすさの面で大切です。全体説明をする場所も一定にすることで、落ち着いた時間になります。

　整列するときは、となりの子どもとの間隔を適切にとった後、前後の距離を

保つことに集中させるとよいでしょう。隣同士がお互いに手が届かないように、間隔を開けて並ぶようにさせると、次は、前後の距離をとることだけに集中しやすくなり、早く整列できるようになります。隣とは「間隔」、前後は「距離」と言います。

(6) 話し方

　指導者は、子どもの興味を引く話し方やわかりやすい言葉遣いを大切にしましょう。また、話すときは、子どもの目を見て話すようにしましょう。

　言葉でのやりとりが難しい子どもに対しては、いっしょに動いたり、手本を見せたりしながら指導をすることが理解を促す良い方法となります。

(7) 準備運動

　準備運動のことを、英語で「warming up」と言います。つまり、全身を動かして、体温を上げることです。そうすると、筋肉の血液循環を良くし、エネルギー供給をスムーズにしていきます。運動効率を良くするからだの状態を作り上げることですから、けがや事故の防止にもつながるコンディションづくりになります。心臓に遠いからだの部分から動かし、しだいに全身を動かして、関節の可動域も広げていきましょう。

　対面で行う場合、動きの方向において、左右、前後など、常に反対を意識して指導することが大切です。また、時計まわりに走ったら、次には反時計まわりに走る等、反対の方向への動きを取り入れることは、バランスの良い発達を促すことに繋がり、指導内容のふくらみや広がりにも有効に働きます。

(8) グループ分け

　雪あそびやスキーに出かけるときのグループ分けは、日常行っているグループ分けを基本にしておくのが良いでしょう。緊急時に、新しいメンバーでは、子どもは急な対応や、そこにいる子、いない子の判断や見極めはできません。さらに、指導側も、必ず、子どもをみる人と、連絡に回る人の、1 グループに最低 2 人の指導者の確保が求められます。

2. 展開場面の留意事項

(1) 用具・器具の使い方

　用具・器具は、保健衛生上、きれいに、かつ、衛生的に長く保持できるように、丁寧に扱うとともに、安全保持上、正しく使いましょう。マットを引きずっての準備や片づけはしないように気をつけましょう。障がい児に対して、マットを使用する場合は、事前の消毒や清掃の必要な時が多々ありますので、気をつけてください。また、マットを足で動かすこともしないように気をつけて下さい。

(2) 恐がる子に対する配慮

　恐がる子どもに対しては、無理にさせるようなことは避け、また、できないことでも、頑張って取り組んでいるときは、座るだけでも、見るだけでも、できた場合には、その努力に対する励ましの言葉をしっかりかけてあげましょう。

(3) 運動量

　寒いときは、からだが温まるように、動きの多いものにしましょう。指導者の話が長い場合、子どものからだは冷えて、かじかんで、技術すら練習できない状態になります。

　また、課題が難しかったり、通路が狭かったり、選択するコースがなかったり、割り当てられた人の人数が多すぎたり、用具が少なかったりすると、待ち時間が長くなり、運動量が激減します。限られた時間の中で、待ち時間を少なくし、効率的に動けるように配慮して、運動量を確保する工夫が必要です。

(4) 補助

　子どもがわからないところは、具体的に子どものからだを動かしたり、触ったりして教えると、動きが理解しやすいでしょう。また、補助してくれたり、

助けてくれたりする大人のからだの大きさや力強さを、子どもに感じさせることも大切です。子どもは、大人の力の強さや頼もしさを実感し、いっそう安心して、信頼して関わってきます。でも、力の加減もしてくださいね。主の指導者がいる場合の補助は、あくまでも、子どもたちが、主の指導者に注目できるように、また、主の指導者の指導の邪魔にならない立ち位置や補助のタイミングに気をつけてください。道具の出し入れの補助についても、子どもたちの正面で、子どもたちの注意を乱すような動きをしたり、音を立てたりして、指導の邪魔になる等、動きや音の面で、指導環境を乱さない配慮が必要です。もちろん、補助者同士の不必要なおしゃべりも禁止です。

(5) 技術習得

　低年齢の子どもほど、言葉で説明をするより、示範して見せることが一番わかりやすいです。指導者が子どもに動きを見せるときには、わかりやすく、大きく、元気に表現することが大切です。そうすると、子どもの方に、してみようという気持ちがわいてくるはずです。しかし、子どもは、大人の悪い癖も真似ます。見本に示す動きは、しっかりした正しい動きが良いでしょう。とくに、伸ばすところはしっかり伸ばし、曲げるところは十分に曲げることが大切です。

　動きは、簡単で、しかも、しっかりからだを動かせるものが良いですが、時々、からだを上下させたり、まわしたりして、方向も変えてみましょう。

　やる気と自信が必要ですから、大げさに誉めてあげましょう。しかし、ただ誉めるのではなく、何が良くて、何がダメなのかをしっかり説明をすることが大切です。幼児期の後半くらいになると、自分たちで行動できるようになるので、見守ることが必要になってきます。任せることで、責任感も身についてきますので、良いヒントを与えることが求められます。

(6) 集中力の持続

　幼児が集中できる時間は、長くありません。1 回の指導では、30 分から長くても 60 分くらいを目安とすることが多いですが、子どもの年齢や天候、季

節の影響も受けます。

　また、1種目の活動は、10分〜15分くらいの目安で考えていきましょう。長続きは無理なので、短時間で内容を切りかえながら進めていくことが求められます。

　課題は、単純なものから複雑なものへ、少しずつ難易度を増すように配慮してもらいたいですが、時に、課題を難しくして、適度な緊張感をもたせることは、動きに対して集中させたり、新鮮さをもたせたりする点で重要です。

　子どもたちを指導者に引きつけ、集中した時間にしていくためには、声の大きさが重要になります。大きな声で引きつけるだけではなく、あえて声を小さくして、「何を言ったのかな？」と、子どもたちに興味をわかせ、集中させる方法もあります。

(7) 楽しい雰囲気づくり

　笑顔で活動して楽しい雰囲気を作り、子どもたちに「楽しさ」や「明るさ」を感じさせることが、大きなポイントです。また、指導者もいっしょになって、心から楽しんで活動することと、活動のおもしろさや楽しさを共感することが大切です。

　指導者自身が楽しそうで明るい表情で向き合うと、子どもたちの表情も明るくなっていきます。子どもたちに緊張感を感じてもらうために、指導者が表情を変化させていくようなテクニックも必要となります。ただし、子どもたちに恐怖心をもたせてしまうような表情は、つくらないように心がけましょう。

(8) 満足感

　やさしいものから難しいものへと、段階的指導をします。幼少児には、スモールステップで進めると、「わかった」「できた」という思いがもてるようになり、満足感に繋がります。また、子どもたちをあまり待たせない工夫が必要です。子どもの並ばせ方、用具の位置などの工夫によって、心理的に待たせないようにしましょう。

　用具を使って、子どもたちがどのように遊んでいるのかを観察したり、既成

概念にとらわれたりせず、あらゆる角度から、柔軟な発想をもつことが、子ども
たちに満足感をもたせる上で必要です。

(9)　やる気の奮起

　子どもの工夫した動きや体力づくりにつながるような良い動きを見つけた場
合には、その動きをしっかり誉めて、子どもに教育的な優越感を与えましょ
う。

　一生懸命しようとしている子どもに、しっかりと対応することが大切です。
上手にできている場合や頑張っている場合、工夫している場合は、しっかり誉
めていきます。そうすると、子どもたちはやる気をもったり、誉められたこと
で自信につながったりします。

　グルーグでのあそびは、1 グループの人数をあまり多くしないようにします。
年齢によって、お勧めのグループの人数は異なりますが、4 歳以上になったら、
協力することやチームの和を意識させるために 3 〜 4 人のグループ、ルール
や規制を理解させるときは 10 人くらいまでのグループが良いでしょう。

(10)　主体性や自発性、創造性の育成

　どうしたら、上手にできるかというアドバイスを与えることも重要ですが、
時間を与え、子どもたち自身に解決策を考えさせることも大切です。

　要は、答えを早く教えすぎないように気をつけることが必要です。主体的な
子どもに育ってもらうために、すべての答えを与え過ぎず、ちょっと考えて自
ら答えを見つけられるような関わりをしてもらいたいものです。大人の思う通
りにならないことを叱りすぎず、逆に誉めて、そして、認めていくような関わ
りが、子どもたちの主体性を育みます。

　また、身近にある道具や廃材を利用しても、楽しい運動やあそびに役立つこ
とを、子どもたちに知らせることも大切です。指導者自身が、日頃から、身近
にあるものを用いて、どのような手づくりの用具や遊具が創作できるかを考案
する努力が必要です。

(11) 危険に対する対応

　用具や器具の安全な使用方法とともに、どれくらいの使用方法があるかを、日頃から知っておきましょう。用具や器具は、どんな形状や重量なのか、それらについての知識を習得しておくことが、安全な運動の展開には必須です。例えば、マットの耳を下にして、子どもたちが手足を引っかけないように、マットを敷いてください。危険な悪いことをした子を注意する時は、そうしたことがなぜいけないのか、どうしていけないのかを、ストレートに伝えることが大切です。また、幼児期は、頭が大きく、重心が高い位置にあることを理解しておく必要があります。したがって、頭が大きく、転倒しやすいからだの特徴を念頭においた指導の実践が求められます。

(12) 競争

　競争的な運動では、他人との比較ばかり行うのではなく、自己の記録に挑戦させること、例えば、前回より、今回は回数を多く跳ぶ、速く走る、または、遠くへ跳ぶ等、子どもの内発的動機づけを高めていくことを大切にしたいものです。

　リレー形式の運動あそびは、勝敗にこだわり、一見、盛り上がります。しかし、負けた場合は、原因を追求して個人攻撃になることは避けねばなりません。リレー形式の運動あそびをさせる場合は、人数や男女の割合を同等にする等の配慮が必要です。

3. 整理場面

(1) 整理運動

　主の活動で、動いて使った筋肉の緊張をほぐして、呼吸を整え、心身をリラックスさせていきます。疲労の蓄積を軽減させ、次の活動に円滑に進めるようにします。とくに、からだの面では、緊張した筋肉から、動きを円滑に行う筋肉の柔らかさを復活させたり、いろいろな方向に曲げたり、伸ばしたりするからだのやわらかさを、あわせて確保しておきましょう。「疲れたからしない」

ということなく、整理運動までしっかりできる子は、いろいろな方向からの動きを作り出せる、柔らかくバネのある身体能力を高めていけます。習慣化させましょう。

(2) 後片づけ

いろいろな用具や遊具を使用した後は、子どもたち自身で片づけを行う習慣をつけたいものです。子どもにとって、操作が難しい重量のある物や危険性を伴うもの、倉庫や器具庫に収納が難しい物などについては、指導者が片づけるべきですが、ボールやコーン、マット、タイヤ等、子どもたちが安全に運べるものについては、指導者の監督のもと、子どもたちが協力し合って、いっしょに運ぶことは可能でしょう。

また、指導のテクニックの一つとして、ゲーム感覚で、片づけを最後に行う方法もあります。

(3) 活動のまとめ

指導者が計画したねらいを、わかりやすい言葉で、子どもたちとやり取りをして、反省・評価をしてあげましょう。頑張ったこと、工夫したこと、よく動けたことを認めて誉め、逆に、うまくいかなかったこと等も聞いてあげ、改善方法のヒントを投げかけて、次回の活動へとつないで終えましょう。

(4) 運動後の安全、保健衛生

運動中に、転んだ子どもやひざをすりむいた子ども等を覚えておいて、終了後に、再度、ケガの程度や状態を確認し、手当てや要観察などの、状態に応じた処置や対応をしていきましょう。また、手洗いやうがい、汗拭きを指示し、習慣づけましょう。暑いときには、汗をしっかり拭きとってから着替えることも覚えさせましょう。

4. 子どもたちが外で安全に遊ぶための工夫

子どもたちが戸外で安全に遊べるための工夫を、5つにわけて、まとめてみます。

(1) 保護者の配慮としては、①子どもたちのあそび場を見守る、②防犯と被害対策の教育をする、③子どもの居場所を把握しておく、④日頃から近所づきあいをする、⑤休日は子どもと遊ぶ、⑥子どもとの間で安全上のルールをつくる。

(2) 子どもたちの心得としては、①「いってきます」「ただいま」のあいさつをする、②行き場所を伝えてから遊びに行く、③危険な場所を知っておく、④一人で遊ばない、⑤明るい場所で遊ぶ、⑥人通りの多い所で遊ぶ、⑦家族との約束事を守る。

(3) 学校の配慮としては、①安全マップを作り、危険か所を子どもに教える、②校庭を開放する、③校庭の遊具を充実させる、④地域や保護者と情報を交換する、⑤仲間を思いやれる子を育てるために、道徳教育を充実させる、⑥幼児と児童、生徒が関わり、互いを知る機会を作る。

(4) 地域の方々の配慮としては、①買い物や散歩時に、子どものあそび場に目を向ける、②110番の家を把握し、その存在を広める、③子どもたちとのあそびのイベントを企画し交流する。困ったときに手をさしのべられる関係づくりをしておく。

(5) 行政の配慮としては、①子どもが遊べる公園は、交番や消防署など安全管理者の勤務地や大人の目が届く場所の近くに設置する、②注意を呼びかけるポスターを作る③非常ベルや防犯カメラを公園や遊園地などの子どものあそび場の一角に設置し、安全を見守り、緊急保護をしやすくする、④不審者の育たない国をつくる。教育に力を入れる。

保護者と子どもとの間で、外で遊ぶときのルールを決め、子どもたちが被害にあわないように予防策を話し合うことや、地域の人々との交流と見守りにより、子どもたちに安全なあそび場を提供していくことで、子どもたちが元気に

外で遊ぶことができるでしょう。

第8章

健全な成長のための外あそび推進について

　本来の子どもたちの元気なあそびは、太陽光線を受けながら、外で泥んこになってするものですが、室内での活動が多いと、子どもたちは、ますます外に出なくなります。自然物との接触も、本当に少なくなってきていますし、しかも、そういう外あそびを好まなくなっている子どもたちも目立ってきました。

　今日、都市化が進むにつれ、子どもたちの活動できる空間が縮小されるとともに、からだ全体を十分に動かす機会が非常に少なくなってきました。とっさに手をつくという防御動作がなかなかとれず、顔面に直接ケガをする子どもたちが増えてきました。日頃、十分に運動している子どもたちであれば、うまく手をついて、ケガをしないように転ぶことができます。

　ところが、運動不足で反射神経が鈍っていると、手のつき方も不自然になり、まるで発作でも起きたかのようにバターッと倒れ、骨を折りかねません。また、ボールがゆっくり飛んできても、手でよけたり、からだごと逃げたりできないので、ボールが顔にまともにあたってしまいます。このように、日頃、運動をしていない子どもたちは、自分にふりかかってくる危険がわからず、危険を防ぐにはどうすればよいかをからだ自体が経験していないのです。

　子どもというものは、外あそびの実践を通してからだをつくり、社会性や知能を発達させていきます。からだのもつ抵抗力が弱く、病気にかかりやすい子どもたちに対しては、健康についての十分な配慮が欠かせないことは言うまでもありませんが、そうかといって、「カゼをひいては困るから外出させない」「紫外線にあたるから、外で遊ばせない」というように、まわりが大事を取り過ぎて、子どもたちを外あそびや運動から遠ざけてしまうと、結果的に子どもたちを運動不足にし、健康上、マイナスを来たしてしまいます。

　この時期に、外あそびを敬遠すれば、全身の筋肉や骨の発達も遅れ、平衡感覚も育成されにくくなります。とくに、背筋力の低下や視力の低下が目立つ現代では、運動経験の有無が子どもたちの健康に大きな影響を与えることになります。それにもかかわらず、現実は、ますますからだを動かさない方向に進んでいるといえます。

　外あそびを通して得た感動体験は、子どもの内面の成長につながり、自ら考え、自ら学ぶ自立的な子どもを育んでいきます。便利な現代生活の中で、育ちの旺盛な幼児・児童期に、外でからだを使う機会がなくなると、子どもたちは十分な発達を遂げることができません。今こそ、みんなが協力し合って、このネガティブな状況を変えることが必要です。

　まず、国の指導者層を含め、すべての大人たちが、子どもの外あそびを大切にしようとする共通認識をもつことが重要です。外あそび体験からの感動や安らぎを得た経験をもつ子どもたちこそ、自身の成長だけでなく、日本のすばらしさや大切さを感じる大人になっていくことができるのです。

　子どもは、国の宝であり、未来です。今こそ、このタイミングを逃さず、外あそび推進のために動くときであり、外あそびの重要性や意義・役割、効果について、基本的な考え方を、みんなで共有していきたいと思います。

1.　外あそびの時間やあそび場の確保が難しくなっている背景

(1) 夜型社会、新型コロナ感染症の流行からの影響

　今日の日本は、社会生活が夜型化、働く母親が増加、保護者の勤務時間が延長されることも一因となり、子どもたちの生活リズムにくるいが生じ、戸外での運動時間が激減してしまいました。

　そして、2020年からの新型コロナウイルス（Covid-19）の感染拡大に伴う休園や外出自粛などにより、子どもたちの外あそびはさらに激減し、体力低下や肥満増加、視力低下の問題だけでなく、心の健康問題も顕在化してきました。つまり、三密を避けるために、家で過ごす時間がさらに増えた結果、この3年間で、子どもたちの運動量が著しく少なくなっており、外あそびの減少や

体力の低下が、これまで以上に懸念されます。

　中でも、就寝時刻が遅く、生活リズムの乱れた子どもは、エネルギーが発散できず、私たちは、ストレスのたまった子どもたちに対して、その変化した生活環境を十分に考慮した上での外あそびの導入や対応が求められています。

(2) 都市化と外あそび環境の整備不良からのサンマ（三間：空間・仲間・時間）の欠如からの影響

　私の子ども時代は、放課後は自由に遊べる、とても楽しい時間でした。しかし、今の子どもたちを見ていると、都市化や外あそび環境の整備不良によって、安全なあそび場という空間はないし、友だちという仲間も集わないし、みんなそれぞれが習い事をはじめとする個別の活動で遊ぶため、あそびの時間もないし、結局、家でテレビや動画を見て過ごしたり、ゲームをしたりして過ごすようになってきました。

　高学年になってからは、放課後の居場所として、塾をはじめとする習い事に通う子どもたちが多くなり、授業が終わってから暗くなるまで、毎日、数時間ある「放課後」の時間を自宅で、ひとりで過ごす子どもたちもたくさんいます。放課後を自宅で過ごす子どもは、幼児期から激増しています。昭和30・40年代は、夕方の日没頃まで、子どもたちが近くの公園や路地、広場で遊びまわっている光景が当たり前でしたが、現在では、幼稚園幼児の平均外あそび時間は、20分程度、小学校低学年では30分程度、高学年でも40分程度に減少してしまいました。このように、今日の子どもの放課後には、子どもが楽しく遊ぶために必要な時間や空間、仲間が不足したり、喪失したりしています。

　また、ボールが家に飛んでくる、花壇に入ってボールを取りに来る、騒いでうるさい等という、地域住民の方からの苦情の懸念から、公園や広場でにぎやかに遊ぶことや、ボールあそびをすること等、様々な年代の子どもたちが気軽に集い、助け合ったり、教え合ったりしてはしゃぐことも難しくなっている現状です。

2. 外あそびが、なぜ重要か

(1) 運動量の面からみて

　まず、子どもたちの生活の中で、運動量が激減してきていることがとても気になります。例えば、保育園の5歳児ですが、1985（昭和60）～ 1987（昭和62）年は午前9時から午後4時までの間に、だいたい1万2,000歩ぐらいは動いていましたが、1991（平成3）～ 1993（平成5）年になると、7,000 ～ 8,000歩に減ってきました。そして、1998（平成10）年以降になると、5,000歩台に突入し、今日では、昭和時代の半分ほどの運動量に激減しています。それに、登降園も車の利用が多くなってきましたので、子どもの生活全体の歩数が減ってきて、体力を育むのに必要な運動量が不足しています。

　子どもたちの活動の様子をみますと、丸太渡りや平均台歩行時に足の指が浮いて自分の姿勢（バランス）を保てず、台から落ちてしまう子どもが観察されました。生活の中でしっかり歩いていれば、考えられないことです。走っても、手が振れず、膝をしっかり上げることができないので、つま先を地面にこすって足を引っかけて転んでしまうのです。日頃から、外あそびよりも、テレビ・ビデオ利用が多くなってくると、活動場所の奥行きや人との距離感を認知する力も未熟となり、空間認知能力が育っていきません。だから、前や斜め方向から来る人とぶつかる事故が多くなるのです。

(2) 健全育成の面からみて

　子どもが健全に育っていくためには、「時間」「空間」「仲間」という、3つの「間」が必要不可欠です。そして、太陽のもとで、日中にからだを動かすことは、体力向上だけではなく、脳の発達や自律神経機能の強化、近視の発症予防と進行抑制、情緒の安定、創造性・自主性の向上などにつながっていきます。戸外に出て、しっかり遊んで、ぐっすり眠るという、あたりまえの健康的な生活が必要ですが、現代はこの「三間（サンマ）」が喪失し、どうかすると「間抜け現象（前橋　明、2003）」に陥っています。運動して、エネルギーを

発散し、情緒の解放を図ることの重要性を見逃してはならないのです。とくに幼少児期には、2時間程度の午後の外あそびが非常に大切になります。

この「間抜け現象」が進行する中で、気になることは、子どもたちの大脳（前頭葉）の働きが弱くなっているということです。鬼ごっこで、友だちから追いかけられて必死で逃げたり、木からすべり落ちそうになって一生懸命に対応策を試みることによって、子どもたちの交感神経は高まっていきますが、現在ではそのような、安全なあそびの中での架空の緊急事態がなかったり、予防的に危険そうなあそびは制止され過ぎて、発育発達上、大切な大脳の興奮と抑制体験が、子ども時代にしっかりもてなくなっているのです。

(3) 体力づくりの面から

子どもたちにとっての外あそびは、単に体力をつくるだけではありません。人間として生きていく能力や、人間らしい生き方の基盤をつくっていきます。しかし、基礎体力がないと、根気や集中力を養うことができません。少々の壁にぶつかってもへこたれず、自分の力で乗り越えることのできるたくましい人間に成長させるためには、戸外で大勢の友だちといっしょに、のびのびと運動をさせると同時に喜怒哀楽の感情を豊かに育むことが大切です。活発な動きを伴う運動あそびや運動を長時間行う幼児は、自然に持久力育成の訓練をし、その中で呼吸循環機能を改善し、高めています。さらに、力いっぱい動きまわる子どもは、筋力を強くし、走力もすぐれてきます。また、からだを自分の思うように動かす調整力を養い、総合的に調和のとれた体力も身につけていきます。

(4) 脳・神経系の発達の面から

外あそびを通して、友だち（人）とのかかわりの中で、成功と失敗をくり返し、その体験が大脳の中でフィードバックされていくと、大脳の活動水準がより高まって、おもいやりの心や将来展望のもてる人間らしさが育っていきます。また、ワクワクして熱中するあそびの中で、子どもたちはエネルギーをしっかり発散させて、情緒も安定し、さらに時間の流れや空間の認知能力をも

発達させていきますが、あそびの時間や空間、仲間という 3 つの「間」が保障されないと、小学校の高学年になっても、興奮と抑制のコントロールのできない幼稚型のままの状態でいることになります。つまり、大人に向かう時期になっても、押さえがきかなく、計画性のない突発的な幼稚型の行動をとってしまうのです。子どもたちと相撲や取っ組み合いのあそびをしてみますと、目を輝かせて何度も何度も向かってきます。そうやって遊び込んだときの子どもは、興奮と抑制をうまい具合に体験して、大脳（前頭葉）を育てているのです。今の子どもは、そういう脳やからだに良い外あそびへのきっかけが、もてていないのでしょう。

　生活の中で、育ちの旺盛な幼少年期に、外でからだを使う機会がなくなると、子どもたちは発達しないうちに衰えていきます。便利で快適な現代生活が、発育期の子どもたちの発達を奪っていきますので、今こそ、みんなが協力し合って、子どもの心とからだのおかしさに歯止めをかけなければなりません。そのためには、まず、子どもの外あそびを大切にしようとする共通認識をもつことが重要です。

　「戸外での安全なあそびの中で、必死に動こうとする架空の緊急事態が、子どもたちの交感神経を高め、大脳の働きを良くすること」「あそびの中では、成功体験だけでなく、失敗体験も、前頭葉の発達には重要であること」「子どもたちには、日中にワクワクする集団あそびを奨励し、1 日 1 回は、汗をかくくらいのダイナミックな外あそびが必要なこと」を忘れないでください。

(5) 生活リズムづくりの面から

　幼児の生活要因相互の関連性を、生活リズムの視点から分析してみました。すると、「外あそび時間が短かったり、テレビ視聴時間が長かったり、夕食開始時刻が遅かったりすると、就寝時刻が遅くなる」、そして、「就寝時刻が遅くなると、起床時刻が遅くなり、朝食開始時刻も遅れる。さらに、登園時刻も遅くなる」という、生活リズム上の悪い連鎖を確認しました。

　要は、外あそびを奨励することと、テレビやビデオの視聴時間を短縮させること、夕食開始時刻を早めることが、今日の幼児の就寝時刻を早め、生活リズ

ムを整調させる突破口になると考えられます。とくに、日中に、子どもが主役になれる時間帯の運動刺激は、生活リズム向上のためには不可欠であり、有効であるため、ぜひとも、日中に外あそびや運動時間を確保する工夫が望まれます。

生活習慣を整えていく上でも、1日の生活の中で、一度は戸外で運動エネルギーを発散し、情緒の解放を図る機会や場を与えることの重要性を見逃してはなりません。外あそびというものは、子どもたちの体力づくりはもちろん、基礎代謝の向上や体温調節、あるいは脳・神経系の働きに重要な役割を担っています。つまり、園や学校、地域において、時がたつのを忘れて、外あそびに熱中できる環境を保障していくことで、子どもたちは安心して成長していけます。

3. 室内あそびや、スイミングやサッカー等の運動系の習い事の教室とも比較して、外あそびで得られるものは何か

習い事のような教室では、時間帯が設けられ、時間に合わせて子どもたちが活動しなければなりません。また、教室では、技術面の向上が要求されていることが多く、同年齢・同レベル集団でのかかわりが多いです。さらに、ドリル形式や訓練形式で教えられることが多く、子どもたちは大人の指示に従うことが多くなり、自分たちで工夫して試してみようということが少なくなってきます。

一方、外あそびは、参加・解散の時間は融通性があり、集団の構成は異年齢で構成される傾向が多いです。年上の子が下の子の面倒を見ながら、あそびに参加したり、自然をあそびに取り込むことによって、自然（物）を知ったりできます。家の手伝いやお使いの時間を考えて、仲間同士であそびの約束をとり、自分の足で歩いて友だちの家に行き、あそびに誘います。自発的に、自主的に、自分の興味や関心のあるものを見つけて、それに熱中し、時を忘れて遊び込んでいくことができます。

4. 子どもたちが外で安全に遊ぶための工夫

　現在の子どもたちの外あそびの頻度やあそび場所について、どうすれば、子どもたちが安全に外で元気に遊ぶことができるのかを紹介します。子どもたちが外で安全に遊べるための工夫を、5つにわけてまとめますと、

(1) **保護者の配慮**としては、①子どもたちのあそび場を見守る、②防犯と被害対策の教育をする、③子どもの居場所を把握しておく、④日頃から近所づきあいをする、⑤休日は子どもと遊ぶ、⑥子どもとの間で安全上のルールをつくる。

(2) **子どもたちの心得**としては、①「いってきます」「ただいま」のあいさつをする、②行き場所・帰宅する時刻を伝えてから遊びに行く、③危険な場所を知っておく、④一人で遊ばない、⑤明るい場所で遊ぶ、⑥人通りの多い所で遊ぶ、⑦家族との約束事を守る。⑧帰宅後、すぐに手洗い、うがい（消毒）を行う。

(3) **学校の配慮**としては、①安全マップを作り、危険か所を子どもに教える、②校庭を開放する、③校庭の遊具を充実させる。また、遊具の安全点検を毎日行う。④地域や保護者と情報を交換する、⑤仲間を思いやれる子を育てるために、道徳教育を充実させる、⑥幼児と児童、生徒が関わり、互いを知る機会を作る。

(4) **地域の方々の配慮**としては、①買い物や散歩時などに、子どものあそび場に目を向ける、②子ども110番の家を把握し、その存在を広める、③子どもたちとのあそびのイベントを企画し、交流する（困ったときに手を差しのべられる関係づくりをしておく）。

(5) **行政の配慮**としては、①子どもたちが遊べる公園は、交番や消防署など、安全管理者の勤務地や大人の目が届く場所の近くに設置する、②注意を呼びかけるポスターを作る、③非常ベルや防犯カメラを公園や遊園地などの子どものあそび場の一角に設置し、安全を見守り、緊急保護をしやすくする、④不審者の育たない国をつくる（教育に力を入れる）、⑤公園の固定

遊具の点検を定期的に行い、経年劣化した遊具は撤去し、新しいものを設置する。砂場の砂の入替え等を含む。⑥公園内の樹木の剪定・清掃を定期的に行う。

以上、保護者と子どもとの間で、外で遊ぶときのルールを決め、子どもたちが被害にあわないように予防策を話し合うことや、地域の方々との交流や大人の見守りにより、子どもたちに安全なあそび場を提供していくことで、子どもたちが元気に外で遊ぶことができるようになっていきます。

5. 今後に向けて

地域のひらかれたあそび場や居場所が不足する現状が続くと、家庭の経済格差が子どもたちの体験格差につながってしまうことが懸念されます。習いごとやスポーツクラブ、週末の外出など、お金のかかる体験活動の実施率は、家庭の収入に比例していきますので、注意が必要です。

放課後の午後3時～5時の間に、家庭と教室に次ぐ地域社会での居場所を模索し、そこで、再度、「外あそび」を活発化させることこそが、子どもたちの孤立を解消し、健全な成長を促すための切り札になると考えます。すでに、学童保育や放課後子ども教室、子ども会など、公的事業を含む様々な放課後活動が存在していますが、これらの活動は予算が不足し、活動の頻度や定員が少ないこと、必要とする子どもたちすべての「居場所」になりきれていないと感じます。

また、ガキ大将不在の今日は、外あそび経験が乏しい現代の子どもたちにとって、安全を見守るだけでなく、外あそびの魅力を伝え、促してあげる大人や指導者の存在も必要です。こうした人材が不足すると、せっかくの放課後活動も、室内で宿題をしたり、おとなしく過ごしたりするだけになってしまいます。

そこで、

①学童保育・放課後子ども教室など、既存の放課後事業への、国からの配分予算を増やして、すべての子どもたちの放課後を充実させてもらいたいも

のです。

②障害をもつ・もたないにかかわらず、すべての子どもたちの外あそびを「促し」「応援する」場所としての街区公園の整備が必要です。外あそび推進のための人材の育成も計画していきたいものです。

③学童期のことだけでなく、その前からの、いわゆる乳幼児期からの配慮が必要です。例えば、既存の街区公園の整備と、低年齢児、なかでも、0・1・2歳児の安全なあそび場の確保・整備も呼びかけていきましょう。

④放課後事業は、学校施設に設置されることが望ましいですが、子どもたちの見守りやケガの責任が先生たちに課せられてしまう懸念が、自由開放や施設利用推進の大きな壁になっていると思います。そうした負担を軽減するためにも、放課後事業に必要な人材の育成と十分な確保、そういった人材の間での外あそびに関する知見の蓄積が必要です。そして、平日の放課後に、すべての子どもたちが、校庭や学校施設、街区公園や広場、その他のあそび場で、のびのびと遊び、楽しい時間を過ごすことができるようにしていきましょう。

　子どもたちの安心・安全な居場所を確保し、外あそびを少しでも復活させていくことが、本当に重要です。少子化が進む日本だからこそ、未来を担う一人ひとりの子どもが、安全で、より健康に、そして、より幸せに、大人になっていくことができるよう、みんなで支えていきたいと思います。

　また、今日、保育者や指導者となる若者たちにおいても、その生活自体が夜型化していることもあり、そのような状態が「あたりまえ」と感じられるようにもなってきているため、子ども時代の健康づくりや外あそびに関する理論の研讃が、大いに求められると言えるでしょう。そして、外あそび実践の面においても、指導者側の問題として、指導者自身の遊び込み体験の少なさから、「あそびのレパートリーを子どもに紹介できない」「あそび方の工夫やバリエーションづくりのヒントが投げかけられない」という現状があり、保育・教育現場において、幼少年期からの健康づくりにとっての外あそびの重要性や、外あそびのレパートリー、運動と栄養・休養を考慮した生活リズムとの関連性を、子どもたちに伝えていくことすらできないのではないかと懸念しています。

第9章

近年の子どもたちが抱える健康管理上の問題と改善策

　マスメディアの中心を担うテレビやテレビゲーム、高度情報化社会といわれる現代に、急激に普及してきたインターネット、そして、最重要メディアとなった携帯電話・スマートフォン等により、現代の子どもたちの置かれている情報環境は、驚くほど高度化・複雑化してきています。そして、メディア接触が長時間化するとともに、過剰なメディア接触が子どもたちに及ぼすネガティブな影響について危惧されるようになってきました。

　メディアの普及により、生活に潤いがもたらされている反面、架空の現実を提示するテレビやテレビゲームは、子どもたちの現実感を麻痺させ、インターネットはいじめや少年犯罪の温床にもなっているという報道もよく耳にします。また、過剰なメディア接触は、体力低下やコミュニケーション能力の低下を招く等、発達の過程にある子どもたちの成長を脅かすことにもなっています。

　ここでは、子どもたちの生活実態をみつめて、子どもたちが抱える健康管理上の問題点を抽出し、問題の改善方法にアプローチしてみたいと思います。

1. 歩数の変化

　気になることの1つ目は、子どもたちの生活の中で、運動量が激減してきていることです。例えば、保育園の5歳児の歩数ですが、1985（昭和60）～1987（昭和62）年は午前9時から午後4時までの間に、だいたい1万2,000歩ぐらいは動いていましたが、1991（平成3）～1993（平成5）年になると、7,000～8,000歩に減ってきました。そして、1998（平成10）年以降、今日

では、だいたい5,000歩台に突入し、昭和時代の半分ほどの運動量に激減してきました。それに、登降園も車利用が多くなってきましたので、子どもの生活全体の歩数が減ってきて、必要な運動量が不足しています。

　子どもたちの活動の様子をみますと、丸太渡りや平均台歩行時に足の指が浮いて自分のからだのバランスを保てず、落ちてしまう子どもが観察されます。生活の中でしっかり歩いていれば、考えられないことです。走っても、膝をしっかり上げることができないので、つま先を地面にこすって引っかけてしまうのです。しかも、しっかり手が振れなくなっています。

2.　午後の時間の費やし方

　幼稚園児において、降園後のあそび場をみますと、第1位は家の中であり、小学生においても、1年生の85％、3年生の75％は家の中であり、ともに第1位でした。あそびの内容は、幼児の5歳・6歳の男の子はテレビ・ビデオが、女の子ではお絵かきが第1位でした。続いて、小学1年生になると、男女ともテレビ・ビデオでした。3年生からは、男の子はテレビゲーム、女の子はテレビ・ビデオが第1位になっていました。

　テレビ・ビデオ視聴やテレビゲームは、家の中で行うからだを動かさない対物的な活動です。午後3〜5時は、せっかく体温が高まっているのに、身体を十分に使って遊び込んでいないだけでなく、対人的なかかわりからの学びの機会も逸しています。つまり、小学校から帰っても、幼稚園から帰っても、個別に活動し、人とのつながりを十分にもたないで育っていく子どもたちが、日本では、だんだん増えてきているのです。

3.　「テレビ・ビデオ・ゲーム・スマートフォン」の特徴

　日ごろから、外あそびよりも、テレビ・ビデオ、スマートフォン利用が多くなっていくと、活動場所の奥行きや人との距離感を認知する力も未熟となり、空間認知能力が育っていきません。だから、人とぶつかることが多くなるので

す。ぶつかって転びそうになっても、日ごろから運動不足で、あごを引けず、保護動作がでずに顔面から転んでしまうのです。

　子どもたちの余暇時間の費やし方をみると、TV・ビデオ、スマートフォン、ゲーム機器を利用した静的なあそびが多くなって、心臓や肺臓、全身が強化されずに体力低下を引き起こしています（静的あそび世代）。

　また、スクリーン（平面画面）や一点を凝視するため、活動環境の奥行や位置関係、距離感を認知する力が未熟で、空間認知能力や安全能力が思うように育っていかなくなりました（スクリーン世代）。一方で、「運動をさせている」と言っても、幼いうちから一つのスポーツに特化して、多様な動きを経験させていないため、基本となる４つの運動スキルがバランスよく身についていない子どもたち（動きの偏り世代）の存在が懸念されます。

　テレビやビデオ、ゲーム、携帯電話・スマートフォン等の機器の利用に、生活の中で多くの時間を費やし、生活リズムを乱している子どもたちが増えてきた実態より、子どもたちに対し、幼児期から、それらを有効に、かつ、健康的に利用していく仕方を指導していくとともに、家庭での利用上のルールを定める必要性を感じています。

　①テレビに子どものお守りをさせない。②なんとなく、テレビをつける生活をやめる。テレビがついていない時間、人と関わる時間を増やす。③見る番組を決めてみて、見終わったら、スイッチを切る。④食事中は、努めてテレビを消す。⑤起床時や帰宅時には、テレビがついていないようにする。⑤外のあそびに誘う。⑥暴力番組や光や音の刺激の強いものは避け、内容を選ぶ。

4.　スマホ社会の中で、子どもたちをどう健康に導くか
― テレビ・ビデオ・ゲーム」に負けない「運動あそび」の楽しさと
その感動体験を味わわせよう ―

　子どもの環境が大きく変化してきたのは、テレビ・ビデオに加えて、最近では、携帯電話の普及、とりわけ、ここ10年足らずの間に登場したスマートフォンは、子どもたちの生活環境を、大きく変化させています。かつては、表

情が乏しい、発語が遅れる等のサイレントベイビーの問題もあって、「テレビやビデオ（ＤＶＤ）に子守をさせないようにしましょう」「見せる場合も、時間や見る番組を決めてみましょう。見終わったら、スィッチを切りましょう」等と保護者に伝えてきたものですが、スマホとなると、いつでもどこでも、時間も場所も選ばず、子どもも手にすることができます。

　子どもとメディア環境への対応として、社会では、テレビやビデオ、テレビゲーム等にふれない日を作ろうという「ノーテレビデー」「ノーテレビチャレンジ」、一定期間、すべての電子映像との接触を断ち、他の何かにチャレンジしようという「アウトメディア」等の活動を通して、子どもの過剰なメディア接触を断とうとする呼びかけもなされています。

　しかしながら、メディア利用の仕方の工夫に力を入れるだけでは、根本的な解決にはなりません。つまり、幼少年期より、テレビやビデオ、ゲーム等に負けない、人と関わる運動の楽しさを、子どもたちに味わわせていかねばなりません。ただ、形だけ多様な運動経験をもたせる指導ではダメなのです。指導の一コマの思い出が、子どもたちの心の中に残る感動体験となるように、指導上の工夫と努力を重ねる必要があります。子どもたちから、「ああ、おもしろかった。もっとしたい」「明日も、また、してほしい」と、感動した反応が戻ってくる指導を心がけたいものです。動きを通して、子どもの心を動かす指導の必要性を痛切に感じています。

（1）クモの巣の粘着性を利用して、セミ捕りをする方法

　網のなくなった輪に、クモの巣をくっつけたセミ取り用の網を利用する方法

（2）追い棒を使うことなく、魚を取る方法

　魚を追いたい反対の方向へ、足音を立てて歩いていき、逆方向で設置した網に魚を追い込む方法

　成長期には、メディアよりも、もっともっと楽しいことがある、人と関わる活動、実際の空間を使った健康・体力づくりに寄与する「からだ動かし」や「運

動あそび」の良さを、子どもたちに知らせて、感動体験をもたせていくことが、これからの私たち大人に求められる役割なのではないかでしょうか。

5. いつ、運動したらよいか

とくに、体温の高まりがピークになる午後3時頃から、戸外で積極的にからだを動かせば、健康な生体リズムを維持できます。低年齢で、体力が弱い場合には、午前中にからだを動かすだけでも、夜早めに眠れるようになりますが、体力がついてくる4歳、5歳以降は、朝の運動だけでは足りません。体温の高まるピーク時の運動も、ぜひ大切に考えて取り入れてください。午後4時前後の放課後の時間帯は、最も動きやすい時間帯（ゴールデンタイム）なのです。

生活が遅寝・遅起きで夜型化している子どもの体温リズムは、普通の体温リズムから数時間後ろへずれ込んでいます。朝は、本来なら眠っているときの体温で起こされて活動を開始しなければならないため、からだが目覚めず、体温は低く、動きは鈍くなっているのです。逆に、夜になっても、体温が高いため、なかなか寝つけないという悪循環になっています。このズレた体温リズムを、もとにもどす有効な方法を2つ紹介しますと、①朝、太陽の陽光を浴びることと、②日中に運動をすることです。

6. 年齢に応じた運動のポイント

運動は、体力づくりだけでなく、基礎代謝の向上や体温調節、あるいは脳神経系の働き等、子どもたちが健康を保ち、成長していく上で、重要な役割を担っています。幼児、小学生、中学生へと進む中で、発育発達上、それぞれの年代の特徴に適した運動刺激のポイントがあるので、年代別に少し説明しておきます。

幼児期は、脳や神経系の発育が旺盛ですから、そういうところに刺激を与えるような運動をさせてあげることが大切です。例えば、バランス感覚を養うた

めには平均台や丸太を渡ったり、片足立ちが効果的ですし、敏捷性をつけるには、すばやい動きで逃げたりする追いかけっこや鬼ごっこ等のあそびが効果的です。それから、巧緻性（器用さ）や空間認知能力をつけるには、ジャングルジムやトンネルを上手にくぐり抜けるあそびが良いでしょう。とにかく、子どもをしっかり持ち上げられる幼児期に、わが子と関わってしっかり親子体操をするのが一番理にかなっています。

　そして、子どもが幼児期の後半に入って体力がついてくると、朝に遊んだ分の疲れは、昼に給食を食べたらもう回復します。ですから、午後にもうひと山、あそびをグッとさせて、夜に心地よく疲れて眠れるようなからだにすることが必要です。このように、夜につなぐような運動が重要になる年代です。

　小学校の低学年になると、身のこなしが上手になってくるので、ドッジボールはとても良い運動です。運動する機会をしっかりもたせて、からだづくりや体力づくりに励んでほしい年代です。

　高学年になったら、だんだん技に磨きがかかる年代ですから、ボールをうまくコントロールして投げたり、取ったりして、ゲーム的な運動ができるようになります。

　中学生になると、内臓を含めて、からだがしっかりできてくるので、持久的な活動ができるようになります。ですから、日中、ちょっと長い時間、運動することで、より強い筋力をつけ、体力を向上させていける時期と言えます。

　それから、すべての年齢レベルで、それぞれの能力や体力に応じて、家の手伝い（荷物を持ったり、野菜を運んだり、配膳を手伝ったり）をして、生活の中でもからだを動かす内容を努めて取り入れていくとよいでしょう。お手伝いは、結構よい運動刺激になります。

7.　体力を向上させるために

　一日の流れの中で、親ができることは、子どもが帰ってきて、寝て、起きて家を出るまでの、早寝早起きの習慣づくりです。でも、ただ「寝なさい、寝なさい」と言っても、なかなか寝てくれません。それは、寝られるからだをつ

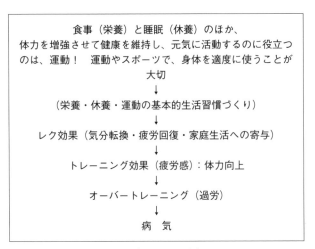

食事（栄養）と睡眠（休養）のほか、
体力を増強させて健康を維持し、元気に活動するのに役立つ
のは、運動！　運動やスポーツで、身体を適度に使うことが
大切
↓
（栄養・休養・運動の基本的生活習慣づくり）
↓
レク効果（気分転換・疲労回復・家庭生活への寄与）
↓
トレーニング効果（疲労感）：体力向上
↓
オーバートレーニング（過労）
↓
病　気

図 4　体力向上のプロセスと病気とのかかわり

くっていないからです。夜早く寝られるからだをつくるには、日中、太陽の出
ている時間帯にしっかりからだと心を動かして心地良く疲れさせることが必要
です。

　疲れたというぐらいの運動をすると、筋肉に負荷が加わって、より強い筋力
が発揮できて、体力がついてきます。これをトレーニング効果と言います（図
4）。でも、軽過ぎる運動では疲れません。リフレッシュになった、気分転換
になったという程度ではなく、疲労感が得られるぐらいの運動刺激によって、
体力はついてきます。でも、その疲れは、一晩の睡眠で回復することが条件で
す。それには、睡眠明けの朝の子どもの様子を確認することが大切です。

　体力をつけ、運動スキルを向上させることによって、運動能力が高まり、ス
ポーツをより楽しく行うことを可能にし、自己実現の機会が増えていきます。

(1) 知っておくとためになる、子どもに必要な 4 種類の運動

　子どもたちが必要とする運動には、4 つの種類があります。1 つ目は、走っ
たり、跳んだりして移動するタイプの運動です。2 つ目は、丸太渡りや平均台
渡りのようにバランスを取る運動。3 つ目は、キャッチボールのような物を操

作する運動。4つ目は、鉄棒や雲梯にぶら下がってグッと頑張るといった、からだを移動せずに行う運動です。

　つまり、移動、平衡、操作、非移動の4つのタイプの運動やあそび環境を意識した運動刺激が子どもたちのからだの成長には必要なのです。鉄棒は得意だけど、移動するのが苦手なら、楽しいあそびの中で、「鬼ごっこやかけっこをしようよ」と誘えば、バランスのとれた動きのスキルを身につけて、運動能力もバランスよく高まっていきます。

(2)　基本運動スキル（4つの運動スキル）

①**移動系運動スキル**：歩く、走る、這う、跳ぶ、スキップする、泳ぐ等、ある場所から他の場所へ動く技術です。

②**平衡系運動スキル**：バランスをとる、渡る等、姿勢の安定を保つスキルです。

③**操作系運動スキル**：投げる、蹴る、打つ、取る等、物に働きかけたり、操ったりする動きの技術です。

④**非移動系運動スキル（その場での運動スキル）**：ぶらさがったり、その場で押したり、引いたりする技術です。

(3)　運動時に育つ能力

1) **身体認識力**：身体部分（手、足、膝、指、頭、背中など）とその動き（筋肉運動的な動き）を理解・認識する力です。自分のからだ（部位）が、どこにあり、どのように動き、どのような姿勢になっているかを見極める力です。

2) **空間認知能力**：自分のからだと自己を取り巻く空間について知り、からだと方向・位置関係（上下・左右・高低など）を理解する能力です。

8. 夜型化した社会の中での子どもの変化

　今の子どもたちは、夜型化した大人の生活に巻き込まれている点が気になります。夜の街に出ると、「食べて、飲んで、楽しんで（くつろいで）！」「キッズスペース付き個室完備」という、飲み屋の看板が目につきます。楽しそうです。子どもたちが親に連れられて、ファミリーレストランや居酒屋、コンビニ、カラオケボックス等へ、深夜に出入りしている光景もよく見かけるようになりました。

　「大丈夫です。子どもは元気ですから」「子どもは楽しんでいますから」「夜は、父と子のふれあいの時間ですから」「まだ眠くないと、子どもが言うから」等と言って、子どもを夜ふかしさせている家庭が増えてきました。子どもの生活は、「遅寝、遅起き、ぐったり！」になっています。

　また、大人の健康づくりのために開放されている小学校や中学校の体育館へ、幼子を連れた状態で夜9時〜10時くらいまで、親たちが運動や交流を楽しむようにもなってきました。子どもの方は、お父さんやお母さんがスポーツを終えるのを待ってから、夕食をとるというケースが非常に多くなってきました。子どもたちが大人の夜型化した生活に入り込んで、不健康になっている状況や、親が子どもの健康的な生活のリズムのあり方を知らない、子どものリズムに合わせてやれないという知識のなさや意識の低さが、今、クローズアップされています。

　夜型生活の中で、子どもたちが睡眠リズムを乱していくと、食が進まなくなり、欠食や排便のなさを生じていきます。その結果、午前中の活動力が低下し、動けなくなります。そして、睡眠の乱れや欠食、運動不足になると、オートマチックにからだを守ってくれる脳や、自律神経の働きがうまく機能しなくなり、自律神経によってコントロールされている体温調節がうまくできなくなっていくのです。

　結局、子どもたちの**睡眠リズム**が乱れると、摂食のリズムが崩れて**朝食の欠食・排便のなさ**へとつながっていきます。その結果、朝からねむけやだるさを

訴えて午前中の活動力が低下し、自律神経の働きが弱まって、**昼夜の体温リズ
ム**が乱れてきます。そこで、体温が36度台に収まらない、いわゆる体温調節
のできない「高体温」や「低体温」の子どもや、体温リズムがズレ、朝に体温
が低くて動けず、夜に体温が高まって動きだすといった子どもがみられるよう
になってくるのです（図5）。

睡眠リズムが乱れると
↓
摂食リズムが崩れる（朝食の欠食）
↓
午前中の活動力の低下・1日の運動量の減少（運動不足・体力低下）
↓
オートマチックにからだを守る自律神経の機能低下
（昼夜の体温リズムが乱れ、自発的に自主的に行動ができなくなる）
↓
ホルモンの分泌リズムの乱れ
（朝、起床できず、日中に活動できない、夜はぐっすり眠れなくなる）
↓
体調不良・精神不安定に陥りやすくなる
↓
学力低下・体力低下・不登校・暴力行為

図5　日本の子どもたちの抱える問題発現とその流れ

9.　普段の生活で心がけること

　一日の始まりには、からだをウォーミングアップさせてから、子どもを園や
学校に送り出したいものです。早寝・早起きでリズムをつくって、起床ととも
に体温をだんだん上げていく。朝ごはんを食べて体温を上げて、徒歩通園と
か、早めに学校に行ってからだを動かして熱をつくって体温を上げる。ウォー
ミングアップができた状態（36.5℃）であれば、スムーズに保育活動や授業（集
団あそびや勉強）に入っていけます（図6）。

　早寝、早起き、朝ごはん、そして、うんちを出してすっきりしてから送り出
します。これが子どもの健康とからだづくりの上で、親御さんに心がけていた
だきたいポイントです。

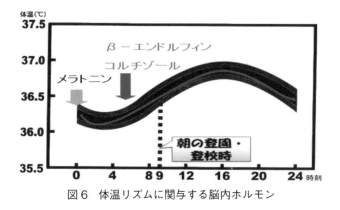

図6　体温リズムに関与する脳内ホルモン

　また、就寝時刻を早めるためには、「子どもたちの生活の中に、太陽の下での戸外運動を積極的に取り入れること」、とくに、「午後の戸外あそび時間を増やして運動量を増加させ、心地よい疲れを誘発させること」「調理時間の短縮や買い物の効率化などを工夫し、夕食の遅れを少しでも早めること」、そして、「テレビ・ビデオ視聴時間を努めて短くして、だらだらと遅くまでテレビやビデオを見せないこと」が有効と考えます。ただし、メディアの健康的な利用方法の工夫に力を入れるだけでは、根本的な解決にはなりません。つまり、幼少年期より、「テレビやビデオ、ゲーム等のおもしろさ」に負けない「人と関わる運動あそびやスポーツの楽しさ」を、子どもたちにしっかり味わわせていかねばなりません。

　子どもの場合、学力や体力に関する問題解決のカギは、①毎日の食事と、②運動量、③交流体験にあると考えますので、まずは、朝食を食べさせて、人と関わる日中のあそびや運動体験をしっかりもたせたいものです。それが、子どもたちの心の中に残る感動体験となるように、指導上の工夫と努力が求められます。

　心とからだの健康のためには、小学校低学年までは午後9時までに、高学年でも午後9時半までには寝かせてあげたいものです。とにかく、就寝時刻が遅いと、いろいろな悪影響が出て、心配です。集中力のなさ、イライラ感の増大とキレやすさの誘発、深夜徘徊、生きる力の基盤である自律神経系の機能

低下、意欲のなさ、生活習慣病の早期誘発などを生じます。

　したがって、子どもたちの脳や自律神経がしっかり働くようにするために
は、まずは、子どもにとっての基本的な生活習慣を、大人たちが大切にしてい
くことが基本です。その自律神経の働きを、より高めていくためには、次の3
点が大切です。

　①子どもたちを、室内から戸外に出して、いろいろな環境温度に対する適応
　　力や対応力をつけさせること。

　②安全なあそび場で、必死に動いたり、対応したりする「人と関わる運動あ
　　そび」をしっかり経験させること。つまり、安全ながらも架空の緊急事態
　　の中で、必死感のある運動の経験をさせること。具体的な運動例をあげる
　　ならば、鬼ごっこや転がしドッジボール等の楽しく必死に行う集団あそび
　　が有効でしょう。

　③運動（筋肉活動）を通して、血液循環が良くなって産熱をしたり（体温を
　　上げる）、汗をかいて放熱したり（体温を下げる）して、体温調節機能を
　　活性化させる刺激が有効です。これが、自律神経のはたらきを良くし、体
　　力を自然と高めていくことにつながっていきます。

図7　生活リズムと向上のためのポイント

　では、日中に運動をしなかったら、体力や生活リズムはどうなるのでしょう。生活は、一日のサイクルでつながっていますので、生活習慣（生活時間）の一つが悪くなると、他の生活時間もどんどん崩れていきます（図7）。逆に、生活習慣（時間）の一つが改善できると、しだいにほかのことも良くなっていきます。

　つまり、日中、太陽の出ている時間帯に、しっかりからだを動かして遊んだり、運動をしたりすると、お腹がすき、夕飯が早くほしくなり、心地よく疲れて早めの就寝へと向かいます。早く寝ると、翌朝、早く起きることが可能となり、続いて、朝食の開始や登園時刻も早くなります。朝ごはんをしっかり食べる時間があるため、エネルギーも得て、さらに体温を高めたウォーミングアップした状態で、日中の活動や運動が開始できるようになり、体力も自然と高まる良い循環となります。

　生活を整え、体力を高めようと思うと、朝の光刺激と、何よりも日中の運動あそびでの切り込みは有効です。あきらめないで、問題改善の目標を一つに絞り、一つずつ改善に向けて取り組んでいきましょう。必ず良くなっていきます。「一点突破、全面改善」を合言葉に、頑張っていきましょう。

第10章

体　　力

　体力とは何かについては、多くの考え方があり、様々な定義がなされています
すが、ここでは、体力とは、人間が存在し、活動していくために必要な身体的
能力であると考えてみましょう。つまり、英語のphysical fitnessということば
に相当します。このような意味での体力は、大きく2つの側面にわけられま
す。1つは、健康をおびやかす外界の刺激に打ち勝って健康を維持していくた
めの能力で、病気に対する抵抗力、暑さや寒さに対する適応力、病原菌に対す
る免疫などがその内容であり、防衛体力と呼ばれます。もう1つは、作業や
スポーツ等の運動をするときに必要とされる能力で、積極的に身体を働かせる
能力であり、行動体力と呼ばれます。

　つまり、体力とは、種々のストレスに対する抵抗力としての防衛体力と、積
極的に活動するための行動体力を総合した能力であるといえます。行動体力
は、体格や体型などの身体の形態と機能に二分されますが、以下にその機能面
について簡単に説明します。

1. 行動を起こす力

(1) 筋力（strength）

　筋が収縮することによって生じる力のことをいいます。つまり、筋が最大努
力によって、どれくらい大きな力を発揮し得るかということで、kgであらわ
します。

(2) 瞬発力（power）

パワーということばで用いられ、瞬間的に大きな力を出して運動を起こす能力をいいます。

2. 持続する力

持久力（endurance）といい、用いられる筋群に負荷のかかった状態で、いかに長時間作業を続けることができるかという筋持久力（muscular endurance）と、全身的な運動を長時間継続して行う呼吸・循環機能の持久力（cardiovascular／respiratory endurance）に、大きくわけられます。

3. 正確に行う力（調整力）

いろいろ異なった動きを総合して目的とする動きを、正確に、かつ円滑に、効率よく遂行する能力のことで、協応性とも、しばしば呼ばれることがあります。また、平衡性や敏捷性、巧緻性などの体力要素と相関性が高いといわれています。

(1) 協応性（coordination）

身体の2つ以上の部位の運動を、1つのまとまった運動に融合したり、身体の内・外からの刺激に対応して運動したりする能力を指し、複雑な運動を学習する場合に重要な役割を果たします。

(2) 平衡性（balance）

バランスという言葉で用いられ、身体の姿勢を保つ能力をいいます。歩いたり、跳んだり、渡ったりする運動の中で、姿勢の安定性を意味する動的平衡性と、静止した状態での安定性を意味する静的平衡性とに区別されます。さらに、物体の平衡を維持する能力、例えば、手の平の上に棒を立てて、そのバランスを保つ平衡性もあります。

(3) 敏捷性（agility）

　身体をすばやく動かして、方向を転換したり、刺激に対して反応したりする能力を言います。

(4) 巧緻性（skillfulness）

　身体を目的に合わせて正確に、すばやく、なめらかに動かす能力であり、いわゆる器用さ、巧みさのことを言います。

4. 円滑に行う力

(1) 柔軟性（flexibility）

　からだの柔らかさのことで、身体をいろいろな方向に曲げたり、伸ばしたりする能力です。この能力が優れていると、運動をスムーズに大きく、美しく行うことができます。

(2) リズム（rhythm）

　音、拍子、動き、または、無理のない美しい連続的運動を含む調子のことで、運動の協応や効率に関係します。

(3) スピード（speed）

　物体の進行するはやさを言います。

第11章

運動遊具・公園遊具の安全管理

　固定遊具は、その設置に先立ち、動きの導線や遊具の配置を周到に行い、子どもたちが出合い頭にぶつかったり、運動の流れが極度につまったりしないように、空間を確保しておくことが大切です。この空間内には、遊具本体を除き、照明灯やマンホール、縁石などの施設や、石やガラス等の異物があってはなりません。次に、予測できない危険「ハザード」をなくすことが必要です。

　ハザードには、物的ハザードと人的ハザードの2種類があり、物的ハザードとは、遊具の不適切な配置や構造、不十分な維持管理による遊具の不良などに問題がある危険です。人的ハザードとは、遊具の使用の方法に問題がある危険です。したがって、遊具は、正しい使い方をして、仲良く遊ぶこと、遊具に不具合があるときは、専門業者による点検のほか、指導者や職員による点検を実施してもらう必要があります。早期発見・早期対応が事故防止に繋がるので、大人の協力が必要です。子どもも、ねじが緩んでいたり、異音が生じたりするようなときは、すみやかに近くにいる大人に伝えるよう、幼少児期から指導しておくことが重要です。

　そして、日常のメンテナンスの実施や「定期点検」をすること、さらには、製品の構造的な部分や、対処の難しい箇所については、専門家に依頼して、修理や改善をしておくことが求められます。

1. 固定遊具の点検と結果の対応

遊具の設置後に、日常点検や定期点検を行い、必要によっては、修繕が求められます。専門家（遊具点検士）による遊具のメンテナンス契約を結んでおくことも大切です。

(1) 児童ための遊具は、定期的に点検し、または補修を行うことにより、遊具の安全確保を図り、事故を未然に防止し、適切に管理することが必要です。そのために、管理者は、専門家による遊具の保守点検を、少なくとも年に1回以上は実施してほしいものです。保守点検を行った遊具については、点検実施時における状況や点検結果を記録し、適正に保管することが大切です。また、遊具の劣化は、設置後の経過年数や、地域の気象条件ならびに遊具の使用状況、部位、構造、管理方法および立地条件などにより、劣化の進行状況が異なることに留意しておきましょう。

(2) 遊具を構成する構造部材および消耗部材は、金属類、木質類、プラスチック系、繊維などの様々な材料が用いられていることを理解し、事故に繋がりやすい危険箇所、とくに、過去の実例から危険性があると判断されるポイントについては、重点的に点検を実施することが必要です。

(3) 点検の結果、遊具の撤去または補修の必要が生じた場合は、迅速な対応が求められます。

①放置しておくことで、事故につながる恐れがあると判断されるものについては、早急に使用禁止の措置を行うとともに、撤去または補修を行うこと。

②補修の困難なものについては、撤去を行うこと。

③早急に対応する必要がない場合は、点検終了後に補修を実施すること。

④事故に繋がるおそれがなく、当該点検時に補修を実施するよりも適切な時期に補修を実施する方が効果的なものについては、経過観察をすること。

2. 安全に配慮した遊具の設計と製品そのものの安全性

(1) 安全に配慮した設計

　花や樹木などの環境を生かしつつ、安全エリアを確保することが基本となります。安全マットの設置や段差の注意喚起の塗り分け等、安全に配慮した設計・配置が求められます。

(2) 製品そのものの安全性

①突起の少ないボルト類：子どもたちの手やからだにふれる部分には、突起の少ないボルトを使用することが望ましいです。

②指爪防止チェーン：チェーンの隙間に樹脂カバーを取り付けてカバーチェーンにしてもらいましょう。

③盗難防止ボルト：ときに、遊具のボルトを盗む心無い人が現れることがあります。特殊工具を必要とするボルトを使い、いたずらからなる事故を防ぐことも必要です。

④鋼材の品質：JIS規格に定める鋼材を使っていることが必要です。

⑤木材：耐久性、耐水性が良く、ささくれ等が起こらないような素材が求められます。

⑥樹脂：耐候性や衛生面に優れているもの。

⑦ネット遊具：耐候性や耐摩擦性、耐熱性、衛生面に優れたもの。

⑧塗装：耐候性や耐水性、防カビ、防藻性に優れ、美観を保つもの。

(3) 設計・設置上の留意点

①頭部・胴体・首・指の挟みこみ

　頭部・胴体・首・指を挟みこんでしまう隙間を除去して、事故を防止してもらいたいものです。子どもが自分の体格を意識せずに通り抜けようとした場合、頭部や胴体の挟み込みが発生しないように、開口部は胴体が入らない構造にするか、胴体が入る場合は頭部が通り抜ける構造にしましょ

う。

②指の挟み込み

　指が抜けなくなる恐れのある穴は、設けないようにします。

③足の挟み込み

　踊り場や通路といった歩行や走行を目的とした平坦な床面の隙間は、6
mmを超えないようにしましょう。ただし、つり橋やネット渡り等のあそ
びを目的にした部分の隙間は、頭部や胴体の挟み込みが起こらないように
してもらいます。要は、子どもが容易に触れる部分には、突出部や隙間を
除去し、事故を防止したいものです。

④絡まり、引っ掛かり

　子どもが容易に触れる可能性のある部分には、着衣の一部やカバンのひも
が絡まったりしないように配慮しなければなりません。とくに、滑走系の
遊具のすべり出し部のように、落下が予想される箇所では、絡まったり、
引っかかったりする突出部や隙間がないようにしてください。落下高さに
応じて、ガードレールや落下防止柵を設置し、不意な落下を防止します。

3. 固定遊具、近年の総合遊具や公園遊具の特徴と安全な使い方

(1) 固定遊具や総合遊具の特徴

　固定遊具は、児童の健康の増進や情操を豊かにすることを目的として、児童
に安全かつ健全なあそびを提供する屋外施設です。標準的設備としては、ブラ
ンコや砂場、すべり台、うんてい、ジャングルジム等があります。

1) すべり台

　公園や校庭、園庭に標準的に設置されるすべり台は、シンプルな機能をもっ
ていますが、おもしろさがいっぱいです。

2) ブランコ

　揺動系遊具のブランコは、時代を超えて、多くの子どもたちに親しまれてき
た遊具です。楽しさばかりではなく、最近の子どもたちの弱くなっているバラ
ンス感覚を向上させたり、様々な動作の習得に有用な運動機能を高めたりしま

す。

3）うんてい

　上体の筋力だけではなく、全身の筋力を高め、リズム感や持久力も養います。子どもたちのからだに、比較的強い負荷をかける運動を生み出す遊具ですが、何より子どもたちの「挑戦する」というチャレンジ精神に働きかける遊具です。

4）モニュメント遊具・恐竜遊具

　博物館でしか見ることのできなかった古代の生き物や恐竜などが、子どもたちのあそび場にやってきます。安全性とリアリティ感を経験でき、また、本物の化石にも勝る存在感を味わわせてくれます。

5）木登り遊具

　ダイナミックな木登りあそびが再現できます。木登りを体感できる遊具として、木登りのおもしろさ、とくに、枝から枝へ、大型であれば、安全のために、ネットがらせん状に張りめぐらされ、迷路のようなあそび空間をも創ります。もちろん、子どもたちは好奇心を膨らませて枝をよじ登り、空に向かって冒険を始めます。木登り遊具は、小さな挑戦をいくつも繰り返しながら、あそびを創造し、子どもたちの夢を育んでいきます。登る、降りる、ぶら下がる、這う等、多様な動きが経験できます。

①木登りは、育ち盛りの子どもたちが「チャレンジ精神」「運動能力」「集中力」を一度に身につけることのできる運動遊具です。枝をよじ登ったり、ぶら下がったりしながら、高い所へと登っていく楽しさや木登りのおもしろさを、安全に体感できる施設です。

②遊び疲れたときには、そのままゴロン、ネットがハンモックに早変わり、からだを優しく包みます。

③木によじ登り、頂上に辿り着けば、爽快な風を感じることができます。また、自然の木を模した展望施設として、地上とは違った風景に気づいたり、小鳥たちのさえずりも身近に聞こえる格好のバードウォッチングのポイントにもなります。

(2) 近年の公園遊具の特徴

　近年の公園遊具の特徴では、公園を健康増進の場所として、公園内に積極的に導入されている健康遊具をよく目にします。気軽に楽しみながら、からだを動かすことのできる遊具は、トレーニング器具としても利用されています。この健康遊具は、広場や公園、通り、自宅の庭など、簡単に設置できて場所をとらない遊具です。気軽にあそび感覚で使ううちに、からだをいろいろと動かして、日頃の運動不足の解消にも役立ちます。目の前にあると、つい使ってしまう気軽さと楽しさが味わえます。そして、家族みんなで楽しめて、遊びながら健康になれます。

(3) 遊具の安全な使い方

　遊具の使用についての約束は、①靴をしっかり履いて、脱げないようにする、②マフラーのように、引っかかりやすいものは取って遊ぶ、③上着の前を開けっ放しにしない、④ランドセルやカバンは置いて遊ぶ、⑤ひも付き手袋はしない、⑥上から物を投げない、⑦高い所から飛び降りない、⑧ひもを遊具に巻きつけない、⑨濡れた遊具では、遊ばない、⑩壊れた遊具では、遊ばない、等です。

(4) 固定遊具を安全に利用するための点検

1) 日常点検

　日常点検とは、遊具の変形や異常の有無を調べるために、管理者が目視診断、触手診断、聴音診断などにより行う日常的な点検のことです。日常点検を効率的に行えるようにするには、遊具ごとに日常点検表があるとよいでしょう。

2) 定期点検

　遊具点検士にお願いをして、定期的に点検（劣化点検や規準点検）を行ってもらいます。劣化診断の例としては、遊具の設置後、長い年月が経過すると、地面に近い箇所で、目に見えない劣化が進んでいく場合があります。そのため、定期点検によって、その劣化の状態を把握していきます。規準診断の例と

して、遊具の安全規準は年々改定されており、以前は規準を満たしていた遊具でも、現在の規準には当てはまらない場合があります。定期点検をして、現在の規準を満たしているかを確認する必要があります。

3) 遊具点検後の修繕・撤去

　不具合のあった遊具については、使用禁止とし、補修が完了すれば、開放しますが、補修が不可能なものについては、撤去が基本です。

第12章

幼児期の健康診断評価

1. 子どもの健全育成でねらうもの

　子どもを対象に、各種のあそびや活動、指導を通して、人間形成を図ります。つまり、子どもの全面的発達（身体的・社会的・知的・精神的・情緒的発達）をめざす教育全体の中で位置づけます。

　　身体的（physical）

　　社会的（social）

　　知　的（intellectual）mental

　　精神的（spiritual）

　　情緒的（emotional）

2. 子どもの成長・発達状況の診断・評価

①睡眠・休養

　生活の基本となる睡眠は、睡眠時間の長さだけでなく、寝る時刻や起きる時刻も重要です。朝起きたときに、前日の疲れを残さずに、すっきり起きられているかがポイントです。

　・夜9時までには、寝るようにしていますか？

　・毎日、夜は10時間以上、寝ていますか？

　・朝は、7時までには起きていますか？

　・朝、起きたときに、太陽の光をあびていますか？

　・朝、起きたときの様子は、元気ですか？

②栄養・食事

食事は、健康で丈夫なからだづくりに欠かせないものであり、家族や友だちとの団らんは、心の栄養補給にもなります。毎日、おいしく食べられるように、心がけていますか？

　・朝ご飯は、毎日、食べていますか？

　・朝、うんちをしていますか？

　・ごはんを、楽しく食べていますか？

　・おやつを食べてから夕ごはんまでの間は、2時間ほど、あいていますか？

　・夜食は、食べないようにしていますか？

③活動

睡眠、食事以外の生活の中での主な活動をピックアップしました。お手伝いやテレビの時間といった小さなことでも、習慣として積み重ねていくことで、その影響は無視できないものになります。

　・歩いて通園（通学）ができていますか？

　・外に出て、汗をかいて遊んでいますか？

　・からだを動かすお手伝いができていますか？

　・テレビを見たり、ゲームをしたりする時間は、合わせて1時間までにしていますか？

　・夜は、お風呂に入って、ゆったりできていますか？

④運動の基本

現状のお子さんの外あそびの量や、運動能力について把握できているでしょうか。わからない場合は、公園に行って、どのくらいのことができるのか、いっしょに遊んでみましょう。

　・午前中に、外あそびをしていますか？

　・15〜17時くらいの時間帯に、外でしっかり遊んでいますか？

　・走ったり、跳んだり、ボールを投げたりを、バランスよくしていますか？

・鉄棒やうんていにぶら下がったり、台の上でバランスをとったりできますか？

・園庭や公園の固定遊具で楽しく遊んでいますか？

⑤発達バランス

（身体的・社会的・知的・精神的・情緒的成長）

　自分の身を守れる体力があるか、人と仲良くできるか、あそびを工夫できるか、最後までがんばる強さがあるか、がまんすることができるか等、あそびで育まれる様々な力についてチェックしましょう。

　幼児期の生活は、親の心がけや関わり次第で大きく変化します。「はい」が多いほど、親子のふれあいの時間も多いので、親子それぞれにとって心身ともに良い効果があるでしょう。

・お子さんは、転んだときに、あごを引き、手をついて、身をかばうことができますか？（身体的・安全能力）

・友だちといっしょに関わって、なかよく遊ぶことができていますか？（社会的）

・あそび方を工夫して、楽しく遊んでいますか？（知的）

・遊んだ後の片づけは、最後までできますか？（精神的）

・人とぶつかっても、情緒のコントロールができますか？（情緒的）

⑥親からの働きかけ・応援

・親子で運動して、汗をかく機会をつくっていますか？

・外（家のまわりや公園など）で遊ぶ機会を大切にしていますか？

・車で移動するよりは、お子さんと歩いて移動することを心がけていますか？

・音楽に合わせての踊りや体操、手あそびにつき合っていますか？

・1日に30分以上は、運動させるようにしていますか？

第13章

ケガの手当て・対応

　子どもは、好奇心に満ちていて、活動的です。夢中になると、危険に気づかず、大人が考えないような行動をとります。また、身長に対して頭が大きく、バランスを崩して転倒しやすいので、顔や頭のケガも多くなります。また、体温調節機能も未熟で、環境温度の影響も受けやすく、病気に対する抵抗力も弱いので、すぐに発熱します。

　幼児のケガで多いものは、すり傷や打ち身、切り傷などです。子どもは、小さな病気やケガを繰り返しながら、病気に対する免疫力を獲得し、また、ケガをしないために注意して行動することを学びます。幼児が運動中に小さなケガをしても、適切な処置を行うと同時に、子ども自身がケガを防げるようにかかわります。また、大きな事故やケガをしないような環境整備にも努め、事故が起こったときには、観察にもとづく適切な判断と処置ができるようになりましょう。

1.　安全を考慮した準備と環境設定

(1)　幼児の安全や体調の確認

　運動前には、幼児の体調を確認します。一人ひとりの機嫌や元気さ、食欲の有無を確認します。気になるときは、体温を測定します。次に、運動中に発現した異常を早期に発見することが大切です。子どもは、よほどひどくないかぎり、自分から体調の不調や疲れを訴えてくることはまれです。指導者は、常に気を配り、声かけをしながら、表情や動きの様子を観察して判断します。

(2) 熱中症対策

　幼児の平熱は、大人よりやや高く、また、単位面積あたりの汗腺の数も多いので、汗をよくかきます。そのため、肌着は、吸水性や通気性のよいものを着るように指導します。また、運動後に汗が冷えると、からだを冷やしますので、運動時にはタオルとともに肌着の着替えを持参するように指導します。

　幼児は、大人に比べて体内の水分の割合が高いので、汗をかくと、大人より脱水になりやすいという特徴をもっています。炎天下や夏の室内での運動時には、水筒を持参させ、休憩時には必ず水分を摂るよう指導します。室内で運動する場合は、風通しを良くします。温度や湿度が高い場合には、熱中症を予防するために、大人より短い間隔で、休養や水分摂取を勧めます。幼児の年齢によって体力が異なりますので、2〜3歳児は、4〜6歳児より頻回の休養と水分摂取を促します。

2. 応急処置の基本

　運動中にケガをしたり、倒れたりした場合、医師の診療を受けるまでの間に行われる応急手当が適正であれば、生命を救うことができ、疼痛や障害の程度を軽減し、その後の回復や治癒を早めることもできます。子どもの状態の変化は早いので、急激に悪化しやすいですが、回復も早いのです。幼児のケガや急病への的確な判断による応急処置と、医療機関の受診の判断ができることは重要です。

　(1) あわてずに、対処しましょう。

　(2) 子どもを観察し、話しかけ、触れてみて、局所だけでなく、全身状態を
　　　観察します。

　(3) 生命の危険な兆候をとらえます。

　心臓停止（脈が触れない）、呼吸停止（胸やお腹が動かない、または、口のそばに手を当てても暖かい息を感じない）、大出血、誤嚥（気管になにかを詰まらせる）のときは、危険を伴うので、救急車を呼ぶと同時に、ただちに救命処置を行います。

(4) 2 人以上で対処します。

　状態の確認や処置の判断、救急車の手配、他の子どもへの対処が必要になります。まわりにいる子どもに、他の指導者を呼んできてもらいます。

(5) 子どもを安心させます。

　幼児は、苦痛や処置に対する恐怖心を抱き、精神状態が不安定になりやすいものです。指導者は、幼児本人にも、まわりの子どもに対しても、あわてないで、落ち着いた態度で対応し、信頼感を得るようにします。子どもの目線と同じ高さで、わかりやすい優しい言葉で、静かに話しかけ、安心させます。

　また、ケガをした子どものそばを離れないようにします。子どもは不安な気持ちでいっぱいです。信頼できる大人がそばにいることで、子どもの不安を最小限にします。

(6) 医療機関への受診が必要な場合は、必ず保護者に連絡します。

3. 応急処置の実際

(1) 頭部打撲

　頭を打ったあとで、顔色が悪い、嘔吐がある、体動が少なく、ボーッとして名前を呼んでも反応がない、明らかな意識障害やけいれんをきたす場合は、すぐに脳神経外科を受診させます。打った直後に症状がなくても、2〜3日後に頭痛や吐き気、嘔吐、けいれん等の症状が現われる場合があるので、しばらくの間は静かに休ませます。また、保護者には、2〜3日は注意深く観察する必要があることを説明します。

(2) 外傷

　切り傷やすり傷の場合には、傷口を水道水でよく洗います。汚れや雑菌が傷口に残ると炎症をおこします。流水で十分洗い流した後に救急絆創膏をはり、傷口からの感染を防ぐようにします。傷が深い場合や釘やガラス等が刺さった場合は、皮膚の中に汚れやサビ、ガラス片などが残り、感染を引き起こすことがあるので、受傷した直後は血液を押し出すようにして洗い流し、清潔なガー

ゼを当てて止血します。外科受診をすすめます。出血している場合は、傷口を清潔なガーゼかハンカチで押さえて強く圧迫します。出血部位を、心臓より高い位置にすると、止血しやすくなります。

(3) 鼻出血

　鼻根部にあるキーゼルバッハ部位（鼻の奥にある網の目のように細い血管が集まっている部位）は、毛細血管が多いため、一度出血した部分は血管が弱くなり、再出血しやすくなります。そのため、ぶつけたときだけでなく、興奮した場合や運動したときに突然出血することがあります。座らせて少し前かがみにし、鼻にガーゼを当て、口で息をするように説明して、鼻翼部（鼻の硬い部分のすぐ下）を強く押さえます。血液が口の中に流れ込んできたら、飲み込まずに吐き出させます。血液を飲み込むと、胃にたまって吐き気を誘発するので飲み込まないように説明します。10分くらい押さえ続けてから、止血を確認します。止血していなかったら、再度、圧迫します。脱脂綿のタンポンを詰める場合には、あまり奥まで入れないように気をつけます。ときに、取り出せなくなることがあるので、ガーゼや鼻出血用のタンポンを使うとよいでしょう。子どもには、止血した後は、鼻を強くかまないように、また、脱脂綿を鼻の中まで入れないように説明します。

(4) つき指と捻挫

　強い外力や急激な運動によって、組織が過伸展し、骨や関節周囲の靭帯や、筋肉や腱などが損傷を起こした状態です。つき指は、手指の腱が断裂した状態であり、足首の捻挫は、足首の骨をつないでいる靭帯の断裂です。
　受傷直後は、"RICE"にそって処置しましょう。

　R（Rest）；安静にする
　I（Ice）；氷や氷嚢で冷やす
　C（Compress）；圧迫固定する
　E（Elevate）；損傷部位を挙上する

　つき指は、引っ張ってはいけません。動かさないようにして、流水、または、氷水で冷やしたタオルを3〜4分おきに絞りなおして指を冷やします。痛みがひいてきて、腫れがひどくならないようなら、指に市販の冷湿布をはり、人差し指と薬指といっしょに包帯で巻いて固定します。その日は、指を安静に保ちます。腫れが強くなったり、強い痛みが続いたりしたときは、病院を受診します。指は軽く曲げたままで、指のカーブにそって、ガーゼやハンカチをたたんだものを当てて固定します。

　足関節の痛みの場合は、座らせて、足先を挙げ、支えて固定して受診します。損傷部への血流を減らし、氷水やアイスパックで冷やすことにより、内出血を抑え、腫脹や疼痛を軽減させることができます。損傷した部位の関節を中心に包帯を巻いて固定し、挙上して様子をみます。腫れがひどくなる場合や、痛みが強く持続する場合には、骨折の可能性もあるので、整形外科を受診するようにすすめます。

(5) 脱臼

　関節が異常な方向へねじる強い外力を受け、骨が異常な位置に転移した状態であり、強い痛みを伴います。子どもでは、肘、手首、肩の関節で起こりやすいです。脱臼した骨を関節に戻そうとしてはいけません。関節のまわりの靭帯や血管、神経を損傷してしまうことがあります。まわりが危険でなければ、できるだけその場で、脱臼した部位を身体に固定して、動かないようにします。固定する位置は、本人が一番痛くない位置で固定します。上肢の関節（肘や肩）の痛みを訴える場合は、本人が一番痛くない角度で、腕を身体の前にもってきます。腕と胸の間に三角巾をおき、腕と胸の間にタオル等のやわらかいものをはさんで、三角巾で腕とタオルをつります。さらに、腕と三角巾のまわりを幅の広い包帯または三角巾で巻いて、腕を身体に固定したまま病院に連れて行きます。

(6) 骨折

　外力によって、骨の連続性をたたれた状態です。完全な骨折と、たわんだり、ひびが入ったりしただけの場合（不全骨折）とがあり、不全骨折の場合は、レントゲンをとってもわからない場合があります。

　子どもの骨は発育途上にあるので、まだ十分にカルシウムが沈着していないため、大人のように硬くなっていません。そのため、子どもの場合は、不全骨折が多くなります。子どもの骨折は、修復するのが早く、不全骨折でも元通りに治癒する場合もあります。しかし、骨折部位がずれたり、ゆがんだりしたまま修復した場合、変形や機能障害を起こすことがあります。痛みが強いときや、腫れや内出血が強い場合は、病院に行って、骨折であるかどうかを、診断してもらうことが必要です。

　骨折を疑うような強い痛みを訴えるときは、骨折部を動かさないようにします。骨折部を動かすと、血管や神経を損傷するので、そのままの形で固定します。出血と腫れを最小限にするために、骨折した部位は下に下げないで、挙上します。

　上肢の骨折が疑われる場合は、脱臼時と同様に、腕を上半身に固定します。下肢の場合は、足をまっすぐに伸ばし、健足を添え木として患足を固定します。両足の間にタオルや衣類などをはさんで、三角巾で、①足首、②足の甲、③ひざの上、④ひざの下を縛って固定します。腫れている部分は、しばらないようにします。結び目は、健足の上になるようにしてしっかり結びます。足の下に座布団をおいて患足を挙上し、病院に運びます。

第14章

コロナ禍における子どもの運動あそびと、保健衛生上、注意すべきこと

コロナ禍において、家の中で過ごさざるを得ない生活が続くと、親も子ども
も、ストレスがたまり、生活リズムも乱れてきます。制限された環境で、十分
からだを動かせていないと、体力も落ちてきます。感染しないで、安全に、ど
のような内容を、どのように行ったら、健康的な生活リズムが維持され、健康
づくりが実現できるのでしょうか。留意すべき事項を考えて、本会としても、
感染の状況に応じた提案を、具体的に、積極的に発信していきたいものです。

「運動や外あそび」について注目しますと、まず、コロナ禍では、飛沫感染
と接触感染がおこらないように、注意して運動したり、遊んだりすることが必
要です。飛沫感染のことを考えると、人との距離や間隔を、2 mは離れて、自
己空間を確保しての運動がよいでしょう。

例えば、縄跳び、リズム運動、ダンス等があります。

①なわとび：なわとびの基本として、安全のために、自己スペースを確保し
て、接触しないように行う運動ですから、そのままできますね。

②リズム運動やダンス：楽しく踊りながら、テンポや強度、回数を増やせ
ば、トレーニング効果も大いに期待できます。足の回転数を上げたり、歩
幅を広げたり、姿勢を変えたり、維持させたりして、からだを鍛えること
ができます。テレビやインターネットの動画に流れる体操やリズムに挑戦
して、いかに楽しくからだを動かすか、そのためのツールとしての利用は
おすすめです。

また、接触感染を防ぐことを考えると、接触しないで遊ぶ影ふみや姿勢変え
あそび、バランスあそび、距離をとって遊ぶサッカーごっこや、ウォーキン
グ、ジョギング等もよいでしょう。

③影ふみ：接触しない鬼ごっこを、影ふみの要領で行います。ほとんどの鬼
　ごっこはできますね。

④姿勢変えあそび：「あぐら（パパ）」「正座（ママ）」「三角座り（忍者）」の
　3つの姿勢を、おうちの方のかけ声に合わせて、子どもがすばやく姿勢を
　変えます。順番を変えたり、スピードを早めたりすることで、より楽しく
　遊べます。「しゃがむ」「ジャンプする」等、お子さんのできるポーズを加
　えることで、低年齢のお子さんも楽しく取り組めますし、お子さんが自分
　で好きなポーズを3つ考えて行うのも楽しいでしょう。楽しく運動する
　ことになり、「楽しい！」「もう一回！」と、心が動き、繰り返し行うこと
　で、家の中でも自然な体力づくりや感動体験を味わうことにつながってい
　きます。運動、心動、感動です。

⑤バランスあそび：向かい合って立ち、片足立ちになります。足以外は、好
　きなポーズをしてバランスをとります。どちらが長く片足で立っていられ
　るかの競争です。どんなポーズがバランスをとりやすいか、どんなポーズ
　がおもしろいか等、いろいろ試してみると、楽しいです。

⑥サッカーごっこ：距離を開けて、ボールを蹴って遊びます。また、新聞
　ボールのキャッチボールもいいですよ。新聞紙を丸めて、柔らかい新聞
　ボールを作って、投げたり、蹴ったりして遊びます。

⑦ウォーキングやジョギング：家族といっしょに、ウォーキングやジョギン
　グに出かけ、地域の神社やお寺巡りをしてみましょう。住んでいる地域の
　珍しいものや見過ごしていた身近な動植物の発見もできます。きれいな植
　物や花にも触れ、気持ちが和みます。

　なお、毎日ダラダラとしないためには、朝に誰でもできる「ラジオ体操」か
ら始めるのがいいですよ。自粛や休みの折は、園や学校がある時と同じリズム
の生活をするきっかけにできると思います。朝から、からだを動かして、気持
ちの良い汗をかくと、血液循環もよくなって、頭がシャキッとします。

　運動会の競争のような積極的な運動では、バトンを使わないリレーあそびは
おすすめです。バトンタッチの代わりに、置いてあるフープの中に入ると、バ
トンを渡したこととし、次の走者が走るリレーは、接触なしに競走できます。

　コロナ禍における、安全な公園の利用については、まず、混んでいたら利用しない、いつもより短めに使う、多数が接触する固定遊具は利用せず、空いたスペースでからだを動かす、独占しないように使うことを基本にしましょう。公園は、多くの人や子どもたちが集まってきます。各地域の行政は、多くの人が集まる公園での感染対策に苦慮されるため、利用禁止や立ち入り禁止としたところもありますが、そうなると、とくに子どもたちは、ますます行き場所を失っているのが問題です。公園は、一律に閉鎖するのではなく、使い方の工夫や利用者に感染対策を呼びかけ、継続して安全に利用できるように工夫することが望ましいです。公園は、すいた時間や混雑していない区域や場所を選んで、他人と密接にならないようにすること等、具体的な利用のしかたを呼びかけて、利用してもらいたいのです。

　公園でのジョギングも、マスクをして、お互いの距離や間隔をとって行えば、実践は可能でしょう。要は、密を避けて利用してもらうことです。密集場所（大人数が集まる場所は避けてね）、密接場面（間近で会話や発声は控えてね）、密閉空間（換気の悪い場所は避けてね）に気をつける呼びかけ・掲示をしてください。

　つまり、感染対策時の公園利用にあたっては、「少人数」「短時間」「運動、散歩」利用に限っての使用に理解を求めることが必要で、「他の人との距離・間隔を、2ｍ以上あける」「混んでいるときは利用を控える」「手洗い、マスクの着用、咳エチケットを引き続き呼びかける」ことを、お願いします。

　要は、3密（密閉・密集・密接）の条件の揃わないところでなら、外で遊んでも大丈夫です。ただし、公園の固定遊具は、不特定多数の方が触れ、感染の心配がありますので、こまめに消毒をしてください。家に帰ったら、手洗いやうがいをし、こまめに消毒してください。とくに、手洗いは、流水で行いましょう。とにかく、子どもを誉めてあげて、ポジティブなメッセージを伝えていくことで、子どもは、自信を生み、自分で動こうという気持ちになるのです。そして、「おもしろい」「楽しい」「また、したい」と感動すれば、生活の中で、運動実践はずーっと続きます。

Guidance for Physical Education for children with disabilities through sensory and fitness training

Faculty of Human Science, WASEDA UNIVERSITY

Dr. Akira MAEHASHI (Professor/Doctor of Medicine)

1. Let's explore the problems of children with disabilities from the mechanism of physical activities

When you show the ○ mark in front of the children and ask them to draw in the same way, if they can draw the ○ mark properly, it means that information from the outside world can be input (sensory organs, sensory nerves), consciousness and judgment can be made in the cerebrum, output can be made based on commands from the cerebrum (motor nerves, muscles, bones).

However, if they cannot draw the ○ mark properly, check whether they can perceive the same ○ mark as the sample ○ mark or not. If they can answer the questions properly, it means that the input and the brain are functioning, but there is a problem with the output.

For these children, when giving them sufficient amount of time and telling them that they can try as many times as they like, if the problem can be improved, there is great potential for functional improvement.

However, when the children cannot understand even after checking with them, there may be problems with ① the input (sensory organs, sensory nerves) or ② the brain or ③ both the input and the brain.

From the above, concerning the mechanism of physical activities, information about the stimuli coming from the outside world is first received by the receptors (eyes, ears, hands, etc.). Then, the information is carried to the cerebrum through the sensory nerves. When the cerebrum receives the information, it makes decisions, and conveys what-to-do messages to the muscles through the motor nerves. By doing so, muscles contract and move together with the attached bones to carry out physical activities and exercise.

Regarding whether the exercise was done successfully as wished or not, at the time of the next stimulus, better movements will be made by giving feedback, making reflection and adjustment.

In this way, each process is important. By coordinating with each other, this mechanism helps make good movement. If you want children to acquire and improve their movement skills, it is important to get them to practice their skills together with a healthy lifestyle.

2. Importance of sensations and sensory training

Some children may have delayed sensations, hypoesthesia or hyperesthesia. Therefore, it is important for children with delayed sensations to improve their senses. Among the senses, receptors such as palms, fingers, soles of the feet, lips, tongue, and face are very important as information gateways.

In order to stimulate and train the sensory organs as receptors, shaking hands (palms) in daily greetings, fanning (skin), playing in the ball pool can help stimulate and activate the brain and nerves so that 'Body Awareness' can be cultivated. In this way, children can understand their body parts (hands, feet, knees, fingers, etc.) and their movements (muscular movements). When children have body awareness, they may start playing with the mirror while looking at themselves and their bodies in front of the mirror.

Then, 'Spatial Awareness' can gradually be cultivated. When children have spatial awareness, they know about how they or their bodies are connected with their surrounding space, and understand the directions and positional relationships (up and down / left and right / front and back / high and low, etc.) with their bodies.

3. Acquire the protective actions required for physical activities and the ability to balance for postural stability

1) Acquisition of the protective actions

As 'Spatial Awareness' develops, children will be able to play safely with playground equipment such as jungle gyms and slides. However, there are also possibilities of falling down. 'Protective actions' should be acquired so that children can protect their own bodies when falling down.

For children who have difficulty in putting out their hands, let them lie down on a roll mat and roll it back and forth with their hands putting out. If they still cannot put out their hands, place their favorite plaything in front of them and let them touch the plaything with the put-out hands. In this way, they can be trained to learn about 'protective actions' to prevent injuries and accidents.

2) Acquisition of a sense of balance

Children need to have a good 'sense of balance' before falling down. In order to cultivate a good sense of balance, it is effective to give stimulation by shaking the balance ball, or to play catch while standing inside the balance ball.

Besides that, there is also another way to learn how to use and balance the body. Hang down a rope from the ceiling to connect with a tire. Then swing the tire with the child lying face down.

Even at home, by putting your child on a bath towel and playing like a swing, your child can feel the swinging stimulation, and a sense of balance can be cultivated.

For children who cannot do a somersault or jump on one leg, who cannot go down the stairs using an alternating stepping pattern, who cannot stand on one leg even when they are in elementary school, who cannot stand on a swing, who cannot walk or run on the line, etc., it is important to strengthen the 'righting reflex' and 'balance training' so that they can keep their bodies straight against gravity.

Moreover, if there is a problem with physical sensations, it is hard to know the spatial location and the body cannot move smoothly and accordingly. Therefore, children may be afraid of high places and unstable places. For these children, it is good to help them exercise the whole body. We can help them to get rid of the fear by assisting them to build up the body image about the size, length, and width of their own bodies and assisting them to cultivate the upside-down sensation.

- Put up high, turn around to get a sense of upside-down
- Balance on a big rolling ball, hammock, or cradle exercise to get used to unstable places
- Practice walking on a balance beam or along a rope placed on the floor
- After using a horizontal bar, hammock, or trampoline, etc. to rotate or move violently, trying to balance the body helps improve the righting reflex.
- Become smaller and pass under the horizontal bar, or avoid hitting things while moving. Such exercises make children feel the size of their own bodies.

4. Characteristics of different disabilities and how they relate to the development and physical education

1) Children with intellectual disabilities

Children with intellectual disabilities refer to children who have difficulty in communicating, have difficulty in daily lives, and need assistance due to mental retardation. The major characteristic of the development in children with intellectual disabilities is that the speed of development differs from that of non-disabled children. The height and the weight are generally low. The time when the height grows the most (the fastest period) is 5 ~ 6 years old for boys and 8 ~ 9 years old for girls. The height grows drastically much earlier than that of a non-disabled child. Therefore, proper nutrition and opportunities to exercise are necessary during this period.

Moreover, regarding the motor abilities of children with intellectual disabilities, compared to non-disabled children, the ability to keep balance is noticeably delayed, on the other hand, they may have good muscular strength as it is hard for them to let go of what they grab. In addition, doing exercise usually helps develop the sensory function of the whole body through emotional expressions such as laughing, screaming, and speaking. However, for children with intellectual disabilities, when there is an intellectual problem or developmental delay, apart from making weird sounds, they seldom express their emotions such as anger or shouting in a loud voice for fun. Emotions and the cardiopulmonary function of the body, especially the lungs, do not develop and tend to be stiff.

Therefore, laughing out loud, speaking loud, screaming, or taking a deep breath will help them to relax. Although it may seem unrelated to doing exercise, 'speaking loud' can be considered as the first step in guidance for physical education.

2) Children with hearing impairment or language disorders

Children with hearing impairment refer to children who have difficulty in understanding normal voices even with hearing aids due to problems with the auditory function. In addition, for children with language disorders, in the process of communication, there are associated disorders such as intellectual disorders and motor disorders. These may include linguistic, physiological and intellectual disabilities. They cannot express themselves well in words or they have difficulty in making other people understand what they want to express.

Therefore, children with hearing impairment or language disorders tend to have linguistic deficits since they cannot hear well and have fewer opportunities to talk.

In particular, for children with poor hearing, the poorer the hearing is, the shallower the breathing is and the poorer the control of breathing is. This is because non-disabled children usually open their mouths to make sounds while adjusting their breaths. When children do not speak much, there are fewer opportunities for them to adjust their breaths.

Regarding the physical strength and the motor ability of children with hearing impairment or language disorders, their static balancing abilities to remain balanced on the spot are not bad, however, their dynamic balancing abilities to remain balanced while engaging in movement are relatively poor. Moreover, since it can be seen that they have a delay in the development of coordinating movements, they are not good at eurhythmics or dancing which requires them to move smoothly to music. Besides that, they have difficulty in starting to move/run according to the given signal (for example, when the flag is waved). It is hard for them to check the raised flag with their eyes and at the same time starts running. Although they can run and jump (simple movements), since they have a delay in the development of coordinating movements, such as which require eyes, hands and feet to coordinate, it is hard for them to get the right timing. In other words, children use both their eyes and ears to receive information from the outside and connect it to their movements.

3) Visual impairment

Visual impairment refers to corrected visual acuity of less than 0.3. The term blindness is used for complete or nearly complete vision loss. In reality, only few children are born blind from birth. In many cases, they can feel the brightness of the place where they are and they can feel that when people pass by.

For children with visual impairment, since they receive few visual stimuli due to vision loss, their ranges of activities and physical activities are limited. Regarding the characteristics of the motor abilities resulted from such visual impairment, there are mainly delays in instantaneous power, agility, and endurance. As instantaneous power involves exerting muscular strength instantly, when they need to move towards visually determined targets or directions, since they cannot see things distinctly, they cannot exert their instantaneous power efficiently as much as they want.

Moreover, agility means not only that the movement is fast, but also that a change of direction is added to the movement. Therefore, when considering making quick decisions and moving while changing direction based on visual information, it is difficult for children with visual impairment to perform well.

Another thing is about endurance. Since it keeps muscular strength working, keeps movements continuing and repeating, children with visual impairment may seem to have no delay in endurance. However, please try to imagine the situation of a light jogging. The scenery changes one after another, when you can see new scenery, when you can notice the change of seasons, and when you can see the beautiful nature, when you can have visual information, you can further maintain your physical strength, concentration, and energy. However, when you cannot have visual information, you can just simply move your hands and feet in complete dark. You can only imagine the scenery that you yourself can imagine at best. Since this becomes a game of pure patience, endurance becomes a relatively high hurdle.

However, the poor motor ability of such visually impaired children is not simply due to their poorer physical strength/motor ability. Since they do not go out frequently or do not frequently move their bodies as much as they want, it is reasonable to think that this can be considered as a secondary disability.

4) Children with developmental disabilities

For children who do not have mental retardation, but need special educational support, they are considered as children with developmental disabilities and they are generally not good at physical activities involving the whole body. Most well known examples are children with LD (Learning Disability), children with ADHD (Attention Deficit Hyperactivity Disorder), children with High-functioning Autism and children with Asperger Syndrome.

Children with developmental disabilities may have the following characteristics: ① They are not good at physical activities involving the whole body (often hit their bodies against furnitures or doors, cannot play well with the playground equipment in the park, cannot imitate movements well); ② They are not good at controlling their hands; ③ They may have poor postural control (do not show proper postures, sprawl on the floor to play, stay restless).

In addition, their bodies may not move smartly when playing games or rhythmic gymnastics. They are not good at catching balls or kicking balls. Although they can go up and down the jungle gym, they are not good at passing through it. These children often have problems with 'Sensory Integration', and it is helpful to encourage them to do exercise to improve.

Sensory Integration refers to the efficient selection, organization, and combination of sensations so that the brain can effectively use a lot of stimuli from inside and outside. This sensory integration helps us to react appropriately to external situations. For children with developmental disabilities, when they have high tolerance for pain, they do not feel painful even when they hit things, on the other hand, when they have low tolerance for pain, they can feel extremely painful or try to run away even when they are just gently touched.

Based on these characteristics, effective guidance and support for children with developmental disabilities are as follows:

① Since they react equally to all stimuli, avoid giving unnecessary stimuli.

② Since they get distracted easily, do not put unnecessary things around them.

③ Plan the sequence of activities properly to keep a good balance on instructions between their favorite activities and their weak activities.

In addition, 'Sensory Integration Training (Therapy)' can be used. It includes a series of guidance that can help them to select and organize the information obtained from the sensory system, and then make appropriate movements smoothly and smartly according to the purpose. If the therapy is conducted based on the easy-to-use sequence of the sensory organs: joints→tactile organs→ears→eyes, it will become more effective.

(1) About the physical activities when there is a problem with Sensory Integration

For children with the problem of Sensory Integration, for example, when they are not good at controlling their hands, when their bodies are flabby, when they cannot keep their postures properly, when they often sprawl on the floor to play, it is necessary to encourage them to do exercise to improve.

'Sensory Integration' helps us to react appropriately to external situations, and to devise ways to learn new things. Even for playthings that they have never used before, most children can find out how to play without being taught by anyone. However, children with poor Sensory Integration usually have developmental, behavioral, and learning problems. In such cases, 'Sensory Integration Training (Therapy)' should be conducted at specialized organizations.

Especially through physical activities, children naturally repeat various postures and movements, exercises for the whole body, compound exercises which require hands and feet to work together, and coordination exercises which require eyes and hands to coordinate. As a result, the functions of the brain and the central nervous system can be enhanced, and thus, the ability to adjust movements can be cultivated. Such experience will help children to develop attitudes, habits and abilities to maintain a persistently healthy lifestyle.

(2) From sensory play to full-body exercise

A) Cultivate Body Awareness

For children who react sensitively to things that touch their bodies, who walk, run and jump awkwardly, who cannot skip or jump rope, and who are not good at ball exercises, they often have a problem with physical sensation. This is because when there is a problem with sensory integration, the tactile receptors and the sensory organs that sense the direction and inclination of the body do not work properly, the corresponding muscles and joints that move the body do not coordinate smoothly, and then it becomes difficult to understand the movement and direction of the body. As a result, the movement of the body becomes awkward, and exercises that require coordinating the whole body become difficult.

Therefore, for these children, first of all, it is essential to stimulate the tactile sensations. Stimulation to tactile receptors is processed by the brain and this will enhance the tactile function that helps us to know the outside world. Moreover, by moving the body in response to the stimuli, the righting reflex can be improved and body awareness can be cultivated. In addition, tactile /pressure stimulation is also effective in stabilizing emotions.

As the next step, regarding the movement of the body, while consciously letting children talk about in words, giving them opportunities to think about, and showing them, it is also necessary to let them imitate and carry out their own activities. This kind of daily accumulation can help cultivate body awareness, and this will improve the smoothness of the movement for the whole body.

Next, examples of effective sensory play, exercise play and activities will be shown.

① **Increase the amount of play using tactile and pressure stimuli.**

· Wind and heat (dryer), water and hot water (shower)

Adjusting the power of the wind and water can change the intensity of the stimulation in various ways and can improve the tactile sensation.

· Sensory activities such as playing with water, ball pit, sand (paper or sponge, etc. can be used instead of sand, mud, balls), finger-painting, clay, etc.

· Let the child lie on a mattress or a comforter, then rub and tickle.

The child is sandwiched between the mattresses or the comforters, and the instructor gently presses from above to give tactile/pressure stimulation. For children who are hypersensitive, place them in the prone position rather than in the supine position, and give stimulation from the peripheral part of the body, such as the feet. Peripheral tactile and pressure stimulation can affect arousal levels and cause pleasant or unpleasant emotions.

② **Increase the amount of play that stimulates the senses, such as rotating, accelerating, swinging, moving up and down.**

This is effective in integrating vestibular and proprioceptive sensations. It also improves the righting reflex of the body. Rolling play on trampolines, slides, and incline mats is also effective.

③ **Make use of the playground equipment to let children experience various ways to move the body.**

Place a balance beam, tunnel, ladder, or mat, etc. on the course to carry out circuit play that requires moving around.

④ **Encourage play and exercises that enhance physical sensation.**

・ Instead of balls, carry around or poke balloons with various parts of the body.

・ Move the body according to the bouncing of the ball. Play games by imitating other people's poses or postures.

・ Change the posture according to the music. Eurhythmics is effective.

・ Every person attaches a ribbon at the back and tries to take away other people's ribbon.

・ Play target games and bowling games to familiarize with how to handle balls.

(3) About the problem of all thumbs

Cannot grab small things with fingertips. Cannot draw a closed circle. Cannot undo a button. These are also phenomena caused by problems with sensory integration. It is difficult to control delicate movements because the organs that receive stimuli from the eyes and the organs that convey messages to decide the movement of the body do not cooperate smoothly.

In such cases, it is necessary to play games using fingers and practice movements that can help develop various sensations, for example, finger play, clay, building blocks, opening and closing bottle caps, origami, activities using scissors, carrying luggage for shopping, washing dishes, etc.

However, the basic idea is that, as a prerequisite for having dexterous fingers/hands, the trunk of the body should become strong first, and the shoulders and elbows should be able to move smoothly. Therefore, in order to improve the problem of all thumbs, first of all, we must not neglect the motor development of the whole body.

(4) Devise ways to improve hyperactivity

For hyperactivity such as restlessness, being unable to take eyes off something, being unable to leave hands from something, keeping on changing one play after another in a short time, being unable to wait for one's own turn, being unable to sit still, walking around during activities, etc., restrictions alone cannot improve. However, there is no definitive teaching method. Therefore, it is effective to watch the child, select the following activities, combine them and carry out for 20 to 30 minutes.

①Adjust the senses: rolling games, rolling over on a mat, kanpu masatsu etc.

②Create an image of the body: pass through a chair, cross over a chair, straddle a string, pass through a string

③Exercises that strictly require moving according to the given signals, sit-up etc.

④Rest, wait, lie down, ride on a balance ball, etc.

⑤Release tension: pressing, relaxing exercises, oscillating feet

⑥Balance: stand on one leg, tiptoe, walk on heels

⑦Move slowly: bear crawl

⑧Coordinated movement: crawl on all fours

⑨Continue to move at a constant pace: walking exercises to walk together with adults

⑩Use the tools well: play quoits with feet, play catch, and play bowling

Considerations for teaching: As considerations for teaching, it is important to avoid giving unnecessary stimuli since they respond equally to all stimuli. In addition, do not place unnecessary things around them since they easily get distracted. Consider the sequence of activities between their favorite activities and their weak activities to keep a good balance. It is better for you to carry out the activity that you want them to concentrate on in the last section. For activities in the gymnasium or playroom, it is necessary to make some marks such as placing hoops or marking tapes on the floor so that they know where they should be. Moreover, when you see that they are achieving some goals, it is important to praise them greatly on the spot.

Since hyperactive children tend to do things haphazardly, it is important to praise them greatly when you see some favorable behaviors. In addition, making it a habit to express what they are going to do in words before they act impulsively makes it easier to control their behaviors. It is advised to announce clearly at certain timings such as when the activity begins and when the activity ends.

When a child starts to panic after the teaching, stay away from the scene and wait for the child to calm down. When a good timing comes, talk to the child quietly and continue the activity after the child calms down. Depending on the actual situation of the child, it is good to aim for a short time in the beginning and gradually extend the time.

5. To improve physical strength and motor skills

With or without disabilities, to improve physical strength, it is necessary to eat well, sleep well, and increase the amount of exercise. Exercises that make children feel moderately tired are preferable. The resulted effect is called 'Training Effect'. However, when children cannot recover from the fatigue by sleeping overnight, 'Overtraining' occurs. As a result, when there is too much overtraining, children may get sick. In other words, it is important to develop a healthy lifestyle of eating well, being active, and sleeping well, as well as to increase the amount of exercise.

When children can acquire movement skills in a well-balanced way, they will be able to show good exercise performance. This will lead to the improvement of motor skills. Motor abilities are considered as the integrated abilities of physical strength and motor skills. Therefore, it is important for even children with disabilities to experience the four movement skills '①Locomotor Movement Skill; ②Manipulative Movement Skill; ③Balance Skill; ④Non-locomotor Movement Skill' from an early age in a well-balanced way. For that purpose, it is effective to make use of playground equipment.

①Locomotor Movement Skill can be acquired by using the playground equipment that requires going up and down. ②Manipulative Movement Skill can be acquired through the play of putting a ball into the animal's mouth. ③Balance Skill can be acquired through balance beam play. ④Non-locomotor Movement Skill can be acquired by playing through hanging down from the horizontal bars or monkey bars.

6. Types of play

In educational institutions for childcare, education, and therapeutic education, the following plays are conducted: '①Corner play, ②Combination play, ③Obstacle play; ④Obstacle race; ⑤Circuit play; ⑥Circuit training'.

①'**Corner play**' refers to a playground set up in a small section of a certain area. It is good to let children choose their favorite plays and experience the joy of playing fun exercises freely in the corner.

②'**Combination play**' refers to a playground set up by combining a variety of playground equipment or plays to form one united playground. It is important to set up mindfully an environment where children will be willing to play in and basic movement skills can be improved through playing there.

③'**Obstacle play**' is a play that requires overcoming the challenges created by obstacles to reach the goal, while setting a start and a goal, placing obstacles to obstruct the runway.

④'**Obstacle race**' refers to activities that require competition. ⑤'**Circuit play**' is a play named after the car race "Circuit", in which you start from and finish at the same place. It is a play in which various exercise tasks are set in a well-balanced way from the start to the goal, requiring you to go around the course for multiple times. Activities for this kind of training are called ⑥'**Circuit training**'.

■著者紹介

前橋　明（まえはし　あきら）

現　　職　早稲田大学 人間科学学術院 教授／医学博士
学　　位　1978 年　米国ミズーリー大学大学院：修士（教育学）、
　　　　　1996 年　岡山大学医学部：博士（医学）
教育実績（経歴）
　倉敷市立短期大学教授、米国ミズーリー大学客員研究員、米国バーモント大学客員教授、
　米国ノーウィッジ大学客員教授、台湾国立体育大学客座教授を経て、現職
活動実績（社会的活動および所属、学会などの所属）
1）社会的活動
一般社団法人 国際幼児体育学会会長、一般社団法人 国際ウエイトコントロール学会会
長、一般社団法人 国際幼児健康デザイン研究所顧問、一般社団法人 日中児童健康 Lab 顧
問、インターナショナルすこやかキッズ支援ネットワーク代表、子どもの健全な成長のた
めの外あそびを推進する会代表、日本学術振興会科学研究費委員会専門委員（2009.12 ～
2017.11）、日本幼少児健康教育学会理事長（1982.10 ～ 2014.3）、日本幼児体育学会理事・
会長（2005.8 ～ 2022.3）、日本レジャー・レクリエーション学会会長（2020.4 ～ 2023.3）
2）受　賞
1992 年　米国ミズーリー州カンサスシティー名誉市民賞受賞
1998 年　日本保育学会研究奨励賞受賞
2002 年　日本幼少児健康教育学会功労賞受賞
2008 年　日本幼少児健康教育学会優秀論文賞受賞
2008 年　日本保育園保健学会保育保健賞受賞
2016 年　第 10 回キッズデザイン賞受賞
2017 年　（中華民国 106 年）新北市政府感謝状受賞
3）主な取得研究費
●文部省在外研究員（平成 2 ～平成 3 年）
「アメリカの幼児体育」（米国・ミズーリー大学大学院）
●文部科学省科学研究費補助金（平成 9 ～平成 11 年度）
「高校生における日常生活時の不定愁訴の発現に及ぼす運動の影響について」

障がい児の健康づくり支援

2023 年 8 月 10 日　初版第 1 刷発行

■著　　者 ── 前橋　明
■編集協力 ── 一般社団法人 国際幼児健康デザイン研究所
■発 行 者 ── 佐藤　守
■発 行 所 ── 株式会社 大学教育出版
　　　　　　　〒 700-0953　岡山市南区西市 855-4
　　　　　　　電話(086)244-1268㈹　FAX(086)246-0294
■印刷製本 ── モリモト印刷㈱
■Ｄ Ｔ Ｐ ── 林　雅子

© Akira Maehashi 2023, Printed in Japan

ISBN978-4-86692-258-4